직원의 마음을 읽으면 회사가 즐겁다

# 행동하는 배려

**직원의 마음을 읽으면 회사가 즐겁다**
행동하는 배려

초판 1쇄 발행 | 2008년 8월 13일

지은이 | 애틀랜타 컨설팅 그룹
옮긴이 | 이강용
펴낸이 | 이종록
편　집 | 조민호, 이소현
디자인 | 박원석
마케팅 | 김성학, 이용석
경영지원 | 이지혜

펴낸곳 | 스마트비즈니스
출판등록 | 2005년 6월 18일(제313-2005-00129호)
주소 | 121-250 서울시 마포구 성산동 293-1 2층
전화 | 02)336-1254
팩스 | 02)336-1257
이메일 | smartbiz@sbpub.net

ISBN 978-89-92124-44-7 03320

* 값은 뒤표지에 있습니다.
* 파손된 책은 구입처에서 바꿔드립니다.

직원의 마음을 읽으면 회사가 즐겁다

MANAGING FROM THE HEART

# 행동하는 배려

애틀랜타 컨설팅 그룹 지음 | 이강용 옮김

Sb
smart business

머리말

# 배려는 행동으로 빛난다, 당장 실천하라!

이 책은 좁은 의미에서는 CEO에서부터 팀장급 관리자까지, 넓게는 세상을 사는 모든 이들을 위한 책이다.

이 책에서는 남들에 대한 배려의 시작, 즉 '마음'의 문제를 다루었다. 특히 직원에 대한 배려에 서툰 리더들이 본다면 아주 손쉽게 배려의 기술을 깨우칠 수 있다.

일반적으로 리더들은 자기 회사의 사명이나 미래의 모습을 보며 구성원들의 기획, 동기 부여 등에 책임을 진다. 유능한 리더가 되기 위해서는 능력(Competence)과 확신(Confidence) 외에도 다른 사람에 대한 배려(Caring)를 가져야 한다.

리더가 능력과 확신을 지녀야 한다는 데는 아무도 이의가 없다. 그

러나 직원의 마음을 읽을 경우 회사뿐 아니라 자기 자신까지 행복해진다고 하면 의아하게 생각하는 사람들도 있을 것이다.

"직원에 대한 배려라니… 도대체 무슨 소리죠?"

고급 인력과 제품, 높은 수준의 이익을 유지하고자 하는 회사라면 '마음을 함께 나누고 남에 대한 배려를 해야 한다'는 것이 이 책을 지은 우리들의 소신이다.

능률적인 경영에 이런 자질들이 결정적인 중요성을 가졌는데도, 그 역할을 오해하는 사람이 주위에는 참으로 많다. 리더들을 대상으로 조사를 해보면, 응답자 대부분이 다른 사람들에 대한 배려를 하고 있다고 말한다. 문제는 배려가 어떤 식으로 직원들에게 전달되는가다.

리더들이 남들에게 더 많은 배려를 보일 필요가 있다는 점에서 그치는 것이 아니라, 이러한 배려를 더욱 뚜렷이 드러내고 더욱 효과적으로 표현하는 법을 배워야 한다는 점이 무엇보다 중요하다.

이 책을 쓴 우리 네 사람은 '애틀랜타 컨설팅 그룹(The Atlantic Consulting Group)'의 동업자들이다. 리더들이 기업의 미래상, 경영의 기본 규범과 기법을 발전시켜 신명을 바쳐 업무 수행을 할 수 있도록 도와주는 일이 우리들의 사명이다.

오랫동안 우리는 수백 명의 리더들을 훈련해왔다. 이들은 하나같이, 리더의 자질 가운데 능력과 확신이 포함된다는 생각은 쉽게 받아들인다. 그러면서도 일부 리더들은 솔직하게 세 번째 C, 즉 타인에 대한 배려(Caring)에 대해서는 의문을 가진다고 고백한다.

심지어는 타인에 대한 배려가 성과를 어떻게 가져오는지 구체적으로 입증하라고 요구하는 리더들도 있다. 이 때문에 우리는 많은 생각을 하게 되었고, 이러한 생각들을 정리해서 이 책을 썼다.

우리는 남을 배려하는 리더, 나아가 남을 배려하는 인간이란 도대체 무엇을 의미하는지를 '해리 하트웰(Harry Hartwell)'이라는 가상 인물을 통해서 묘사했다. 이런 과정에서 우리는 인생에 정말 소중한 것이 무엇인지도 곰곰이 사색해볼 기회를 가질 수 있었다.

우리가 이 책을 펴낸 목적은 리더들이 마음을 열 수 있는 쉽고도 직선적인 방법을 보여주는 데 있다. 마음으로 하는 경영을 통해서 우리는 타인에 대한 배려와 존경의 자세가 사회 전체에 퍼져나갈 것으로 기대해본다. 그리고 인생의 진실로 다가서는 행복한 경험을 당신도 하기 바란다.

# 차례

## 프롤로그

# 성공 경영에 이르는 배려의 5가지 원칙을 찾아서

해리 하트웰은 매일같이 라모코 정유회사 공장을 큰 걸음으로 돌아보면서, 눈에 띄는 직원들마다 일일이 이름을 불러가며 알은체를 하지만 결코 발걸음을 늦추는 법은 없다.

"사장님, 안녕하십니까?"

해리만큼이나 정유업계에 오랫동안 몸담아온 작업감독 한 사람이 말을 걸어왔다.

"어, 그래. 아주 좋아, 조지."

걸음을 멈추지 않은 채 대답하는 해리의 목소리가 쩌렁쩌렁 울렸다.

"그런데 문제는 말이야, 저기 고장 난 제4호 탑이라고!"

그는 조지에게 거의 한 달 동안 가동이 신통찮은 정유탑을 가리켰다. 조지는 곧바로 그의 말뜻을 알아차렸다.

해리가 가까이 오는 것을 보면 공장 직원들은 뭔가 열심히 일하는 것처럼 보이려고 부산을 떨었다. 때로는 그가 완전히 시야에서 사라질 때까지, 하던 이야기도 멈춘다. 방금 조지에게 한 것과는 달리, 해리는 만나는 사람에게 일일이 목청을 높여 업무 이야기를 하지는 않는다.

"하트웰 사장님, 안녕하세요?"

젊은 여직원이 계기판에서 고개를 들어 해리를 올려다보며 인사했다. 그녀의 안경이 코끝으로 스르르 미끄러져 내렸다. 젊은 직원들은 함부로 그의 이름 '해리'를 부르진 못했다.

"그래, 테리. 한데 말이야 자네가 드디어 반응로 조정 기술을 습득했다는 말을 해주면 더 기분 좋은 아침이 될 테지."

당혹스러워하는 테리가 뭐라 변명할 틈도 주지 않고 해리는 이미 그녀를 지나쳐버렸다. 세 명의 영선작업반 직원들이 고장 난 기계 주변을 기어 다니다가, 모퉁이를 돌아오는 해리의 목소리를 들었다.

"어이, 움직이자고. 야전사령관님 행차시다."

안전모를 쓴 첫 번째 직원이 말했다. 그는 렌치를 찾는 시늉을 하며, 연장상자 속을 시끄럽게 들쑤셨다. 뒤에 있던 두 번째 동료가 반농담조로 대꾸했다.

“사장이 올 때가 자네한텐 하루 중에서 가장 바쁜 시간이구만.”

해리의 모습이 가까워졌다. 옆에 있던 세 번째 작업반원이 비꼬며 말했다.

“사돈 남 말 하고 있네. 사장이 하루에 두 번씩 시찰을 돌면, 자네 생산성은 두 배가 될 걸?”

그리고는 고개를 들어 해리에게 미소를 지으며 큰 소리로 물었다.

“사장님, 샌프란시스코 자이언츠는 왜 그 모양인 겁니까?”

“아마 자네들 영선반처럼 탈이 난 게지. 머리가 빨리 돌아가지 않으니까.”

30년 전 해리는 대학에서 화학을 전공했고, 미식축구부 풀백으로 뛰었다. 그리고 졸업장 덕택에 아버지가 경영하던 라모코 그룹 내 정유회사에 공정기사로 취직했다. 미식축구의 경험이 그의 승진에 도움이 되었다. 체중이 100킬로그램이나 되는 거구로 풀백을 하려면 작전은 오직 하나, 머리를 숙이고 저지선 빈자리를 돌파하는 것이다. 자신보다 더 힘센 상대편 선수가 가로막기 전에 골 지점을 향해 뛰는 게 상책이다.

또 한 가지는 절대로 공을 놓쳐선 안 된다는 것. 지난 25년 동안 해리는 이 기본 전략으로 꾸준히 전진했다. 그렇게 해서 아버지의 뒤를 이어 자신이 라모코 정유회사의 사장이 된 것이다. 해리는 석유 사업이 마음에 들었다. 열 살 때부터 정유공장 내의 시설 장비 이름을 다

외웠을 정도였다.

그는 지난 토요일 저녁, 회사 창립 기념 파티에서 옛날이야기로 직원들을 즐겁게 해주었다. 그 시절 공장에서 벌어진 어처구니없는 일들, 당시 일하던 몇몇 사람들 이야기에 직원들은 폭소를 터뜨렸다. 그런 시간을 보내며 사람들은 해리와 함께 일하는 긍지를 느낄 수 있었다. 그러나 그것은 흔한 일이 아니었다. 직원들은 해리를 보고 겁을 먹는 때가 더 많았다.

멀찌감치 해리가 오고 있음을 알려주듯 그의 성량 좋은 목소리가 복도에 울려 퍼졌다. 아는지 모르는지 말단 남녀 직원 두 사람이 긴 복도 끝 자판기 앞에 서서 대화를 나누고 있었다.

"새 아이디어를 사장님께 제의했겠지?"

"좀 더 기다리기로 했어."

"가뜩이나 퇴짜 놓기 1인자인 양반인데, 이번 분기에 또 자본 지출을 하자면 좋아하겠어?"

"사장님은 직선파라고 했잖아. 뭣 땜에 망설여?"

"너무 직선파인 게 흠이지. 난 가만히 앉아서 당하긴 싫어. 안 된다는 말로 끝나는 게 아니야. 잘못하면 멍텅구리 직원 리스트에 올라간다고."

순간 여직원이 손가락을 입에 대고 속삭였다.

"쉿! 사장이 오고 있어."

두 사람은 곧바로 자세를 바로 하고 억지로 웃음을 지으며, 옆을 지나쳐가는 해리에게 정중히 인사했다. 그의 짙은 눈썹과 네모난 턱, 넓적한 입은 투박하고 강한 인상을 주었다. 하지만 직원들은 그의 용모에서 무뚝뚝하고 두려운 사장의 모습만 읽고 있었다.

해리는 널찍한 자기 사무실로 들어와 책상 앞에 앉았다. 그의 머릿속에 가장 먼저 승진 문제가 떠올랐다. 미국 전체를 관장하는 그룹 본사의 부사장직이 그가 노리는 다음 목표였다. 그 자리는 세계적 수준의 요직일 거라는 생각이 들었다. 그러자 정유공장에서 당면한 여러 가지 문제들과 그의 인생을 가로막고 있는 장애물들에 생각이 미쳤다. 그는 막연한 걱정에 휩싸였다.

최근 그의 몸에 스트레스의 징후들이 나타나기 시작했다. 가쁜 숨결, 잦은 감기, 쉽게 물러가지 않는 기침. 그날 아침식사 때 아내인 몰리가 뭔가 의기소침해 보인다고 걱정스런 표정을 짓기도 했다.

또한 자제력을 잃어버리는 악몽에 수차례 시달리기도 했다. 꿈속에서 그는 차를 몰아 직장으로 달리고 있었다. 빨간 신호등을 보고 차를 세우려는데, 브레이크 페달을 아무리 밟아도 차가 멈추기는커녕 엔진이 회전을 계속하면서 속도가 더욱 빨라졌다. 교차로를 달려가는 다른 차들을 피하기 위해 핸들을 급히 돌렸지만 손안에서 헛돌기만 했다. 차들이 급정거를 하고 경적 소리가 여기저기 요란하게 울리는 가운데, 그의 차는 예측 불허로 빗나가며 다른 차들 쪽으로 치달았다. 충돌 일보 직전에 그는 식은땀을 흘리며 잠을 깼다. 이와 비슷한 다른 꿈속에서는, 그의 차가 다리 난간을 치고 나가 죽음 직전으로 곤두박질치기도 했다.

이런 악몽에서 치를 떨며 잠을 깬 그는, 어떤 파괴의 힘이 자신의 인생을 무너뜨리려하는 게 아닌지 불안했다.

하지만 원인은 가까이에 있었다. 만나기 싫은 사람들, 다루기 귀찮은 일 등의 골칫덩이 문제들이 해리의 낮 시간을 채우고 있었기 때문이다.

지난주만 하더라도 불만을 품은 노조 대표들이 거의 만기가 된 근로 계약서를 자신의 코앞에서 흔들어댔고, 유조선 수리 때문에 1,000만 배럴의 원유 선적이 지연될 예정이라는 팩스가 왔었으며, 자신의 정유공장이 인근 자연환경을 오염시킨다는 증거를 들이대는 환경청 공문이 날아들었다. 라모코 본사의 고위 경영진들로부터 직원들 급여를 15퍼센트 인하하라는 요구가 오기도 했다.

그러나 이런 문제들도 일상적인 것에 불과했다. 정유회사 사장에게는 뜻밖의 문제들을 처리해야 하는 소임이 있었다.

라모코 그룹의 조직 계층에는 적당주의로 출세한 몇몇 동료 간부가 있었지만, 이들과는 달리 해리는 회사 내의 권모술수에는 관심이 없었다. 이사회 석상에서는 고위 경영진들 사이에서 그의 냉정한 업무 자세와 일밖에 모르는 성품을 놓고 찬사의 말들이 오갔다. 해리의 정유공장은 거의 언제나 생산실적 1위를 기록했고 이익률에서는 중간 위치를 차지했다.

해리는 의자에 등을 기댄 채 정유회사에 대한 자신의 책무를 곰곰이 생각해보았다. 다음번 순시 때는 서부 개척 시대의 의상과 '라모코 보안관'이라는 글자가 새겨진 배지를 가슴에 단 채 말을 타고 등장할 자신의 모습이 떠올랐다. 긴 한숨이 터져 나왔다.

"서부 개척 시대의 법 집행이 결국 이곳에서 내가 할 일인가 보군."

사장으로서 당연히 해야 할 일임을 알면서도 싫증을 느끼는 사람의 목소리였다. 하지만 적어도 그가 석유 사업을 좋아하는 것만은 분명했다.

"정유공장은 내 생명이므로 이 사업은 반드시 성공해야 해."

정유공장은 정말로 그의 생명이었다. 아닌 게 아니라 해리의 심장은 석유 펌프로 되어 있고, 그의 혈관에는 석유가 흐른다는 게 주위 사람들의 진지한 농담이었다. 그가 부상을 당했을 때 상처에서 솟아나는 액체의 옥탄값이 얼마나 되는지 한바탕 열띤 논쟁이 벌어진 일도 있었다.

그날 뒤늦게 일련의 해고 조치를 발표하는 회의 도중, 해리는 가슴에 심한 통증을 느꼈다. 식은땀이 나고 어지러워하다가 기어이 의식을 잃고 쓰러져 병원 응급실로 옮겨졌다. 몇 시간 뒤 해리는 혼수상태에 빠진 채 산소호흡기를 끼고 중환자실에 눕게 되었다.

얼마나 지났을까? 의식을 찾은 해리는 여러 종류의 흰색 물건으로 장식된 방의 의자에 앉아 있었다. 흰 마룻바닥, 흰 벽, 흰 가구…. 방은 온통 번들거리는 흰색으로 넘실댔다. 분명 병실은 아니었다. 오히려 그곳은 다른 세상인 듯한 분위기였다. 해리는 정신을 차리려고 눈을 비비며 머리를 흔들었다. 그리고 자신의 모습을 살폈다. 얼핏 봐도 자기가 입고 있는 건 환자 가운이 아니었다. 그냥 흰 천으로 덮여 있었고 그 바깥으로는 자신의 털북숭이 팔다리가 삐죽 나와 있었다.

'이런 제기랄, 대체 이게 무슨 일이람. 내가 죽은 건가? 정유공장이 이제 막 일어서려는 참인데. 이럴 수는 없어!'

해리는 불길한 생각을 억지로 지우고 허공을 향해 외쳤다.

"누가 나 좀 내보내줘!"

시야가 밝아지자 바로 맞은편 의자에 앉아 있는 사람이 눈에 띄었다. 나이를 가늠할 수 없는, 부드럽고 맑은 눈을 지닌 여인이었다. 해리는 의자에서 벌떡 일어나 그 여자에게로 다가가 말했다.

"이 괴상한 곳이 어디요? 날 여기서 내보내 줄 수 없겠소? 난 회사로 가야 하오!"

그러자 여인이 차분한 목소리로 말했다.

"앉아요, 해리. 지금은 아무데도 못 가요."

그녀는 우아한 손짓으로 의자를 가리켰다. 해리는 그녀에게 은근한 위엄을 느끼고 지시에 따랐다. 잠시 후 그녀가 웃으며 말했다.

"현재 당신의 처지를 설명해드릴 테니, 들어볼 생각이 있다면 그렇게 하세요."

그리고 그녀는 입고 있는 흰옷의 무릎 쪽에 난 주름을 편 뒤 말을 이었다.

"당신은 우리가 '재량권 처리 대상' 이라고 부르는 범주에 속해요."

"대체 무슨 소릴 하는 거요?"

해리는 머리를 고집스럽게 앞으로 내밀며 따졌다. 그는 남의 비위를 맞추는 것 따위에는 애당초 아랑곳하지 않는 성격이었다. 그녀가 조용히 대답했다.

"화가 나셨군요. 자세히 설명해드리지요."

해리는 큰손으로 의자 팔걸이를 꽉 쥐면서 바싹 다가앉았다. 그리고 생각했다.

'정신을 똑바로 차려야지. 이 여자가 어디서 온 사람이며, 이곳을 빠져나가려면 어떻게 해야 하는지 아직 모르니까.'

"잠깐 눈을 감고 생각을 해보세요. 반대하거나 따지지 마시고요. 인생의 목적은 영혼의 성장 그리고 배움이죠. 특히 사랑을 배우는 것이 가장 중요한 일 아니겠어요. 그런 면에서 해리 하트웰 씨, 당신의 인생은 막다른 곳에 와 있어요. 당신은 늘 같은 짓만 되풀이하고 있을 따름이죠. 회사에서는 직원들에게 위협과 좌절만 안겨줘요. 가정생활도 마찬가지죠. 정해진 딱딱한 유형에서 벗어나지 못할 뿐더러 조금의 변화도 없어요. 죽은 거나 마찬가지입니다."

"그렇지 않소! 라모코에 내가 얼마나 많은 변화를 가져왔는데…. 예를 들어 70년대 석유 부족, 80년대 석유 과잉 때 무연 휘발유로 회사를 한 단계 끌어올린 일, 종업원 감축 등 모든 게 늘 변화의 연속이었소. 항상 변화했단 말이오."

해리는 이 정도면 자기의 논점이 뚜렷하리라 믿었다.

"여건이 변했어요, 해리. 당신만 빼고요. 당신을 되돌려 보내봐야 똑같은 짓만 계속할 텐데, 내가 그럴 필요가 있을까요? 재량권 낭비가 되겠지요."

'이 여자, 대체 무슨 소리를 하고 있는 거야. 게임오버라는 건가?'

그는 궁지에 몰린 짐승처럼 으르렁대며 절망의 눈길을 굴렸다.

"그렇다면 재량권 어쩌고 운운한 건 뭐요?"

이윽고 해리는 여인을 바라보며 물었다. 경영진을 대표해서 수많은 노사 협상을 치른 경험이 있는 그는 협상만이 수명을 연장받을 수 있는 길이라고 판단했다. 억지로 입을 벌려 웃는 시늉을 했다.

"그러니까 내 말은, 다시 돌아가려면 어떻게 해야 됩니까?"

여인은 진심이 담긴 미소를 띠었다.

"좋은 질문이에요. 사실 우린 여기서 중립적인 참관만 하고 있는 건 아니에요. 더욱 많은 사랑과 자비심을 갖도록 이 세상을 재창조해서, 인간의 모든 거래 행위에 사랑의 규범을 확립하는 사명이 우리에게 있답니다. 이런 사명을 수행하기 위해 우리는 경우에 따라 재량권을 갖게 되죠. 세상에 사랑을 전파하는 데 다소나마 도움이 될 수 있는 몇몇 사람을 되돌려 보낼 수 있는 재량권이죠."

순간 해리는 의자에서 벌떡 일어났다. 그의 몸에 걸쳐진 흰색 천이 물결쳤다.

"사랑을 전파한다고? 왜 이러시오! 난 그 부분엔 해당 사항이 없어요. 난 인간에게 유익한 일, 좋은 일을 하고 있단 말이오."

그가 여자 쪽으로 몸을 내밀며 말을 계속했다.

"그러니까 내 말은, 난 필수품을 생산한다 이겁니다. 집을 따뜻하게 하고 음식을 데우는 데 필수적인 연료 말이죠. 그건 측정이 가능한 일인데, 지금 부인께서 말하는 사랑은 측정을 못합니다. 그리고 내가 하는 일이 값지기 때문에 회사에서는 날 필요로 해요. 그뿐만 아니라 난 옛날보다 훨씬 더 중요한 일을 하고 있습니다. 내가 다시 돌아가면 생산량을 25퍼센트 늘릴 수 있을 텐데, 그게 좋은 일 아니겠습니까?"

낡은 정유 시설로 어떻게 그런 생산 증대를 가져올 수 있을지 막연했지만, 아무튼 해보고 싶었다. 몸에 밴 예전 세상으로 돌아갈 수만 있다면 무슨 약속인들 못하랴!

"유감이지만 당신이 연료 생산을 배로 늘릴 수 있다 하더라도 우리와는 상관없는 일이에요. 세상에서 사랑을 얼마나 생산하느냐 하는

것만이 우리의 재량권 범주와 관련이 있는데, 지금까지 당신의 생산 실적은 미미한 수준입니다."

해리가 몸을 돌리며 투덜댔다.

"아, 무슨 말인지 도통 알 수가 없습니다."

"그러실 거예요. 당신은 경영자로서, 잠자는 시간을 빼고는 모든 관심을 회사의 경영에만 쏟아 부었겠지요. 그렇다면 당신의 그런 역할을 놓고 한번 이야기해볼까요? 지금까지 당신은 분노를 일삼으며 순간순간의 기분으로만 경영을 해왔어요. 권력자로서의 위세와 아랫사람들에 대한 인신모독, 조롱 등 감정의 도구만을 써온 거죠. '마음'으로 하는 경영은 해본 적이 없어요."

해리의 목소리는 이제 고함으로 변해 있었다.

"뭐요? 마음으로 하는 경영? 흥, 그런 걸 두고 모순이라는 거요. 어떻게 마음으로 경영을 한다는 거요? 이봐요, 나도 슬픈 영화를 보면 눈물도 흘릴 줄 알고 내 가족을 사랑하지만, 사업은 다른 거요. 냉정하게 하지 않으면 직원들과 경쟁사에 잡아먹히기 십상이라고. 게다가 산유국들의 행패가 얼마나 심한 줄 아시오?"

"해리, 당신의 생각이 그렇다는 것, 적어도 그런 일을 걱정하고 있다는 건 알아요. 그러나 마음으로 경영을 하지 않으면, 사업을 통해서 사랑이 세상에 퍼져나갈 수 없어요."

"알았소. 뭐 다 좋다 칩시다."

해리는 미소를 띠며 그녀를 마주 보았다. 여인이 방금 한 말에서 새로운 반격을 가할 빈틈을 찾은 것이다.

"마음으로 경영을 해보려는 사람이 있다고 칩시다. 어떻게 실행에 옮깁니까? 어떻게 하면 되는지 내가 알아듣기 쉽게 말해보시오. 구체적인 문구로."

빙그레 웃으며 다시 자리에 앉은 그는 그녀의 대답을 기다렸다. 그녀는 망설임 없이 설명을 시작했다.

"마음으로 하는 경영은 다섯 가지 원칙으로 표현할 수 있어요. 직원들이 당신한테 요구하는 다섯 가지 사항이라고 생각해도 좋아요."

1. 저의 의견을 받아들이지 않더라도 인격을 나무라진 마십시오.
2. 저의 이야기를 듣고 이해해주십시오.
3. 따뜻한 마음으로 저에게 진실을 말씀해주십시오.
4. 애정이 담긴 저의 뜻을 꼭 찾아봐주십시오.
5. 저에게 숨겨진 장점을 인정해주십시오.

해리가 듣기에는 너무나 유토피아적인 이야기였지만, 그녀가 현실적인 복안을 지니고 있다는 사실은 놀라웠다. 하지만 그는 고개를 절레절레 흔들었다.

"말했잖소, 그런 식으로 했다간 통째로 잡아먹힌다고."

두말하면 잔소리라는 듯, 그는 느긋한 웃음을 지었다. 비즈니스 세계에 만연한 승부의식을 그는 경험을 통해 알고 있었다.

"마음 어쩌고 하는 건 요즘 직원들한테는 먹혀들지 않아요. 가뜩이나 노조의 힘이 갈수록 강성해지고 있는 판입니다. 경영자는 냉철해야 해요. 한 발짝 양보하면 백 발짝 내달라는 식이라고요. 약점이 보였다 하면 쌀벌레 달려들 듯 내 머리 위에 기어오를 거요."

그러자 그녀가 대답했다.

"잘 모르시는군요. 앞서 말한 원칙에 따라 살아가는 경영자들이 늘고 있어요. 그리고 통째로 잡아먹히기는커녕 실제로는 더 좋은 결과를 얻고 있지요. 해리, 당신도 그들처럼 해보세요."

그녀는 해리에게 미소를 보냈다. 해리는 턱을 비벼대거나 머리를 긁는 등 몸을 뒤틀면서 안달했다. 한참 후에 그가 말했다.

"이봐요, 믿거나 말거나 나한테도 마음은 있습니다. 내 말이 의심스러우면 아내인 몰리한테 물어봐요. 몰리는 알고 있으니까요. 나하고 27년 동안이나 같이 살았으니."

"해리, 당신한테 마음이 있다는 건 잘 알아요. 그러니까 재량권의 유망한 후보가 되길 바라는 거죠."

"바라고 있다고요?"

"그래요, 해리. 그래서 이런 대화도 갖는 거예요."

"오, 그거 정말입니까? 이야, 이거 신나는데!"

해리는 안도의 한숨을 쉬었다. 자기의 말이나 행동 가운데 무엇이 이 여자한데 먹혀들었는지는 알 수 없었지만, 그건 아무래도 좋았다. 재량권 후보란 게 뭔지, 하여간 이곳을 빠져나갈 방법은 되겠지. 좋은 후보가 되어야지. 이 여자에게 그걸 보여줘야지.

"아까 다섯 가지 원칙이라는 것 다시 한번 설명해주시겠습니까?"

이렇게 말하며 해리는 생각했다.

'이번엔 좀 더 주의 깊게 들어야지. 이 여자의 장단에 맞춰나갈 수 있을 거야.'

그녀가 이야기를 시작했다.

"첫 번째 원칙은 '저의 의견을 받아들이지 않더라도 인격을 나무라진 마십시오' 입니다. 자신의 인격적 가치를 의심받는 것을 좋아하는 사람은 남녀노소를 불문하고 아무도 없습니다. 사람들은 대개 그런 일에 앙심을 품게 되고, 울화를 터뜨리든지 아니면 보복을 하게 되지요."

그 말을 들은 해리는 생각했다.

'이건 한참 거리가 먼 원칙이야.'

실수를 지적해야 한다는 건 상식 중의 상식이다. 그러지 않으면 기업은 하수구로 떠내려가고 만다. 그러나 해리는 이런 말을 입 밖에 내지 않았다. 어차피 여자의 말을 들어보기로 한 거니까. 그녀가 계속했다.

"두 번째 원칙은 '저의 이야기를 듣고 이해해주십시오' 입니다. 누구든 남들이 자기 말을 충분히 경청하고 이해했다고 느끼길 원하고, 그걸 무척 중요하게 여기는 법이죠. 그런 느낌을 받은 사람만이 당신의 말에도 귀를 기울일 마음가짐을 갖게 되요."

'이것도 첫 번째 원칙 못지않게 터무니없는 소리야. 내가 하릴없이 정유공장의 그 얼간이들이 하는 이야기에 귀를 기울여? 어림없는 말씀.'

하지만 이번에도 그는 아무 말 없이 그녀의 다음 이야기를 들었다.

"세 번째 원칙은 '따뜻한 마음으로 저에게 진실을 말씀해주십시오' 입니다. 상대방에 '관한' 이야기가 아니라, 바로 그 '상대방' 과 대화를 해야 해요. 그것도 경멸이나 위압적인 태도가 아닌, 존경과 관심을 담은 자세로 해야 한다는 거죠."

'이 원칙은 그런 대로 괜찮군. 이건 쓸 만해. 존경할 만한 사람이 있으면 난 항상 존경하니까. 나 또한 진실만을 말하는 사람이지. 내가 사실을 사실대로 이야기한다는 건 천하가 다 아는 일이야.'

해리가 생각했다. 하지만 '따뜻한 마음으로' 라는 부분은 적당히 흘려버렸다. 그녀의 설명이 이어졌다.

"네 번째 원칙은 '애정이 담긴 저의 뜻을 꼭 찾아봐주십시오' 입니다. 누군가가 어떤 생각이나 구상을 제안할 때는, 회사를 돕고 싶다든지 하는 나름대로의 긍정적인 이유가 있다는 걸 분명히 인정해야 해요. 당신이 그 구상 자체를 어떻게 생각하느냐는 별개의 문제라는 거죠."

'이건 또 무슨 개뼈다귀 같은 소리!'

해리는 주먹으로 탁자를 내려치고 싶었다. 재량권 후보가 되는 것도 좋지만, 정유공장의 풋병쟁이 녀석들 앞에서 이 따위 이야기를 늘어놓아야 하나? 믿을 수 없는 일이다. 도대체 내가 무슨 꼴이람? 일이 만만치 않게 돌아가는군. 그래도 약속은 약속이니까 쓰든 달든 끝까지 들어는 봐야지.

"마지막 다섯 번째 원칙은 '저에게 숨겨진 장점을 인정해주십시오' 입니다. 누구나 성장 잠재력이 있지요. 각자의 잠재적 장점이 지금 당장 눈앞에 보이진 않더라도 그걸 인정해주면 사람들은 적극적인 반응을 보입니다."

그녀는 자세를 고치고 해리의 눈을 똑바로 바라보면서 말했다.

"해리, 이 다섯 가지 원칙이 바로 '마음'으로 하는 경영의 참된 의미랍니다."

해리는 이른바 재량권 후보가 될 기회를 놓칠지도 모른다는 생각 때문에 솔직한 반응을 보여야 할지 어쩔지 고민했다. 하지만 마음속에 감추고 있어 봤자 눈 가리고 아웅 하는 식이 될 게 빤할 거라는 생각에 차라리 자기 생각을 말하는 편이 좋겠다는 결론을 내렸다.

그는 여인이 앉아 있는 곳으로 천천히 걸어가서, 100킬로그램의 체

구를 과시하며 그녀를 내려다봤다.

"부인."

그는 짐짓 예의바른 태도를 갖추면서 서서히 목소리와 표현 강도를 높여갔다.

"우리 회사 직원들을 몰라서 하시는 말씀입니다. 그들이 닫아야 할 밸브를 닫지 않게 내버려둔다면, 그건 절대 안 될 일이죠. 이건 내 개인의 의견이 아닙니다. 하나의 엄연한 사실입니다. 웃어넘길 일이 아니죠. 또, 근무 시간 중에 농땡이를 치고 일터를 엉망으로 만들어놓는 녀석들한테 무슨 말라빠진 사랑의 의도가 있습니까? 순전히 근무태만인데 무슨 애정의 의도를 찾습니까? 본사에서 부하직원들이 어떠냐고 물어오면, 나는 솔직히 이야기합니다. 한심한 팔푼이들이라고요. 이걸 우리 팔푼이들에게 알려주는 데 동정심을 갖고 말할 수 있는 좋은 방법이 있으시면 좀 가르쳐주시죠. 그리고 솔직히 말씀드려서, 우리 회사에 장점을 가진 직원들은 하나도 없어요. 젠장, 중간치만 되도 만족하겠소. 있지도 않은 장점을 어떻게 찾아봐줍니까? 그러니 정말이지 이 다섯 가지 원칙을 어떻게 적용할 수가 있겠습니까!"

그의 목소리는 자신감에 차 있었다. 말을 마친 그는 여인에게 확고한 눈길을 보내고 자리에 앉았다. 그녀는 특별히 누구에게랄 것도 없이 웃음을 지으며, 믿어지지 않는 듯 머리를 흔들었다.

해리가 마음으로 하는 경영자 후보감으로 쉽지 않을 것이라고 예상은 했지만, 생각한 것 이상으로 나쁜 처신을 보였다. 설득의 효험이 없다. 그래서 당초 계획한 대로 그가 쉽게 알아들을 수 있도록 수순을 밟아나가기로 했다.

"해리, 구체적인 사례를 놓고 검토해보도록 해요. 정유공장 부사장인 짐 위스가 최고 경영진 주례 회의를 제안하러 당신을 찾아온 일이 있었지요? 당신은 그걸 시간 낭비라고 일축했어요. 짐이 그런 제안을 한 데는 긍정적인 의도가 전혀 없었을까요?"

"별로요. 멍청한 의견이었습니다."

여인은 해리가 여태까지 느껴보지 못한 위엄을 갖고 조용히 앉아 있었다. 대부분의 상대는 그가 마음만 먹으면 성질을 건드릴 수 있었다. 노조 위원들이 그의 결정 사항에 맞서려고 찾아왔을 때, 자기들끼리 한바탕 말싸움을 벌이게끔 한 적도 있었다. 한번은 구매 담당 부사장을 불러다 싸늘하게 노려보기만 했는데, 부사장은 화공약품회사에서 사례비조의 금품을 받은 사실을 실토했다. 그런데 이 여인은 달랐다. 들뜨게 할 방도가 없었다. 그녀는 이야기를 계속했다.

"당신과 내가 1만 달러를 걸고 내기를 한다고 생각해봐요. 짐의 입장에서 어떤 긍정적인 의도가 있었을까를 당신이 생각해내는 거죠. 그걸로 승부를 가리는 거예요."

"1만 달러 정도의 내기라면, 긍정적 의도 하나쯤은 생각날 수도 있

겠죠."

해리는 도박사 기질이 있었다. 더구나 이번처럼, 이기느냐 지느냐에 따라 자신의 생사가 결정되는 도박이니 어찌 귀가 솔깃하지 않겠는가.

"내가 해내면 1만 달러 주는 겁니까?"

"해리, 1만 달러란 돈은 이곳에선 아무 쓸모가 없어요. 여기는 당신이 살던 세상이 아니니까요."

그녀가 곧바로 다른 조건을 내놓았다.

"당신이 짐이 가진 긍정적인 의도를 찾아내느냐 못하느냐, 그걸 인정하느냐 않느냐에 따라, 당신이 예전 생활로 돌아가서 자신의 삶을 살 기회를 얻느냐 마느냐를 정하기로 하면 어떻겠어요?"

"오!"

해리는 머리를 뒤로 확 젖혔다. 뇌리에 한 줄기 섬광이 지나갔다.

"왜 이런 내기를 하자고 하는지 알 것 같습니다. 그러니까 당신의 말은, 방금 말한 다섯 가지 원칙을 내가 시험해본다면, 재량권을 써서 날 이승으로 보내주겠다, 이거죠?"

"완전한 정답은 아니군요. '시험해본다'로는 충분하지 않아요. '재량권' 혜택을 받으려면, 사생활이건 직업적인 활동이건 간에 당신의 모든 대인관계에서 이 다섯 가지 원칙을 적용해 살아가야 합니다. 잊지 마세요. 다섯 가지 원칙 전부를 항상 지켜야 해요."

"그럼 내가 실수로 잊어버리면 어떻게 되죠?"

"실수를 시정하는 데 24시간의 여유를 드릴 게요."

"24시간의 시한을 어기면?"

"이곳에 다시 오게 되고, 재량권 혜택은 영원히 사라집니다."

"흠, 그게 좀 까다롭겠군."

"당신한테 달렸어요. 짐한테 사랑의 의도가 있었는지 1만 달러의 내기라면 찾아낸다고 하셨죠? 다섯 가지 원칙을 적용해서 살아가는 방법을 배운다면 인생을 다시 살 수 있는 기회가 주어지는데, 그걸 마다하시겠어요?"

"아주 확실한 설명이군요."

"받아들이실 거죠?"

이렇게 하지 않고도 되돌아갈 방법이 있다면 더 바랄 게 없으련만, 이곳에서 그쪽으로 날아갈 수 있는 교통편은 '재량권' 하나뿐인 모양이다. 한 장밖에 없는 표를 그녀가 쥐고 있으며, 그 값도 그녀가 정하기 나름이다. 해리는 머릿속에서 평소에 잘 써먹는 자기훈시를 했다.

'해리, 넌 한계 상황에 한두 번 대처해본 게 아니야. 지금까지 살아오면서 여러 번 불가능한 일을 해냈어. 그것도 대부분 큰 도박판에서. 이번에도 잘될거야.'

그는 일어나서 여인에게 악수를 청했다. 그러면서 일류 고객이 아니면 잘 써먹지 않는 달콤한 목소리를 내며 미소를 지었다.

"알겠습니다. 그렇게 하죠. 그럼, 언제 떠나면 되는 거죠?"

그러자 여인이 일어나서 따뜻한 미소를 지어 보였다.

"해리, 잘 생각하셨어요."

# 저의 의견을 받아들이지 않더라도 인격을 나무라진 마십시오

그녀의 말이 끝나자 갑자기 방 안의 모습이 달라지기 시작했다. 의자며, 벽이며, 여인이며, 모든 것이 뒤바뀌고, 옆으로 아래위로 요동을 치는 것이 마치 무더운 여름날 아스팔트 위에서 피어오르는 아지랑이 같았다.

해리는 어지러웠다. 의식이 표면으로 떠오르는가 싶으면 이내 무의식으로 빠져들기를 되풀이했다. 그렇게 얼마간의 시간이 흐르자 드디어 의식이 되살아났다.

눈의 초점이 잡히자 간호사처럼 보이는 사람의 얼굴이 흐릿하게 보였다.

"여… 여기가 어디요?"

눈을 껌벅거리며 산소호흡기를 떼어내면서 해리가 물었다. 말이 맥없이 새어나왔고, 입 안은 구정물로 가득 찬 것처럼 탁했다.

"지금 계신 곳은 중환자실이에요. 곧 완쾌되실 거예요, 하트웰 씨."

눈을 몇 번 더 껌벅거리자 방 안의 다른 곳도 천천히 시야에 들어오기 시작했다. 그 다른 곳이 벽과 천장의 여러 복잡한 기계장치란 걸 알 수 있었다.

"어찌 된 거요? 내가 왜 여기 와 있소?"

마치 미식축구 선수 몇 사람이 걸터앉은 것처럼 가슴이 답답했다. 손을 들어보려 했으나, 어딘가에 묶여 있는 모양이다.

"심장마비였어요."

몸집이 있는 중년의 간호사가 혈관주사기와 심파탐지기를 살펴보면서 말했다.

"나와 이야기하던 여자는 어디 갔소?"

방 안을 찬찬히 둘러보며 해리가 물었다.

"네? 병실에 다른 사람이 들어온 적은 없어요. 하트웰 씨께서는 몇 시간 동안 의식 불명이었다가 이제 막 깨어나신 거예요."

'음, 그렇다면 내가 꿈을 꾼 모양이군. 너무 생생해서 꿈이란 생각이 안 들어.'

"부인과 아드님이 오후 내내 기다리다가, 방금 뭘 좀 드시러 내려갔어요. 오시면 잠깐 만나 뵙도록 해드릴게요. 그동안 좀 주무세요."

간호사가 침대 옆쪽 안전 손잡이에 두 손을 짚으면서 말했다.

"몸이 심한 스트레스를 받고 있었어요. 나중에 또 와서 검진하고 약도 드릴게요. 제 도움이 필요하시면 언제든지 불러주세요. 제 이름은 코벨입니다."

간호사가 나갔다. 해리는 재량권 혜택이니, 다섯 원칙을 적용하느니, 24시간 안에 과오를 시정해야 하느니 같은, 방금 전 여인과 있었던 일이 꿈인지 생신지 혼란스러웠다.

'대체 나에게 무슨 일이 있던 거지?'

병원 특유의 소독약 냄새, 침대 옆에서 씩씩대고 있는 심파측정기 소리, 손등에 꽂혀 있는 링거 주사기 등과 비교해볼 때, 아까 그 여인과의 일이 아득하게 느껴졌다. 지금 자신의 책상 위에서 결재를 기다리는 폐기물 수거 계약이 현실인 것처럼, 그 일도 현실일까? 그나저나 회사는 어떻게 되고 있지?

"이런 젠장, 회사에 회사에 가야 한다고!"

그가 소리쳤다. 순간 혈관이 뜨거워지는 걸 느꼈다.

"나가야겠어. 아니면 비서를 불러다가 부지 조성 계획이나 공장 북쪽에 새로 지을 정유시설 계획서에 관한 내 지시를 전달하든지, 좌우간 누구한테라도 이야기해야지. 이게 대체 뭐하고 있는 짓이야! 간호사는 어디 갔어? 내가 일할 채비를 도와야 할 것 아냐!"

그의 말은 침대 옆 마이크를 통해 간호사 대기실에 설치된 스피커

를 통해 들렸다.

"무슨 일인가요, 하트웰 씨?"

여장부 같은 코벨 간호사가 병실로 급히 들어서면서 물었다.

"물어볼 게 뭐가 있소. 나 일하러 갈 거요."

간호사는 대답 대신 침대에 묶여 있는 해리에게 어린아이 달래는 듯한 미소를 보냈다. 하지만 해리는 막무가내였다.

"우선 전화기를 주시오. 비서를 불러야겠소."

해리의 심장 상태를 보여주는 모니터 화면의 전자 반응 곡선이 꾸준히 약하고 낮게 움직였지만, 이젠 아예 줄넘기를 하고 있었다. 간호사가 두 눈을 동그랗게 뜨고 해리 옆으로 다가왔다.

"이봐요, 간호사. 그렇게 멍청히 입만 벌리고 서 있지 말아요. 난 사업을 하는 사람이오. 오늘 5시 이전에 결정을 짓지 않으면 이익이고 뭐고 모두 날린단 말이야."

해리가 일어나려고 하자 간호사의 손이 얼른 그의 어깨를 눌렀다.

"안 되요, 하트웰 씨. 오늘은 아무 일도 하실 수 없어요. 휴식을 취하면서 심장을 치료하는 일 말고는 절대 안 됩니다. 잊으셨어요? 하트웰 씨 심장은 극도의 스트레스를 받고 있어요. 그래서 몸 전체에 타격을 준 거예요."

몸이야 어떻게 됐건, 해리의 마음은 이미 사업 전선으로 돌아와 활발히 움직였다. 침대에 묶여 있으니 눈앞에 떠오르는 거라고는 큰 거래가 무산되는 장면뿐이었다.

"하트웰 씨는 참 운이 좋은 분이에요. 지금 상태로 봐서는 심장이 심하게 또는 영구적으로 손상된 것 같진 않아요."

"난 강심장이오!"

큰소리를 치면서도 해리는 자신에게 심장이 하나밖에 없다는 걸 잊지는 않았다. 그래서 순간적으로 불안감을 느꼈지만, 즉시 날카로운 명령으로 불안한 마음을 덮어 눌렀다.

"전화기 좀 달랬지 않소!"

그가 다그쳤다.

"이런 망할! 번호 불러줄 테니 내 사무실을 대주겠소? 온몸에 연결해놓은 이놈의 선이며 튜브 때문에 전화기를 들 수가 없네."

그러자 간호사가 단호한 말투로 대답했다.

"죄송하지만 휴식 이외에는 제공해드릴 게 없습니다. 이 병원 안에서는 건강 사업 말고 다른 사업은 할 수 없어요. 이런 말씀을 드리긴 그렇지만, 지금은 건강 돌보시는 것만으로도 무척 벅차실 거예요."

해리는 곁눈으로 간호사의 눈치를 살폈다. 간호사는 통통한 손가락을 하나하나 짚어갔다.

"이제부터는 일단 콜레스테롤 함량이 높은 음식은 삼가야 해요, 절대로. 붉은색 육류도 드셔서는 안 됩니다. 튀김도 마찬가지고요. 그리고 커피, 술, 우유, 설탕도 드시면 안 돼요. 체중을 많이 줄여야 하니까요. 20킬로그램은 줄여야 합니다. 엄격한 식이요법과 규칙적인 운동을 병행하시게 될 거예요."

해리의 얼굴이 벌게졌다.

'이런 낯도깨비 같은 간호사가 누굴 사슴 새끼 사촌 대하듯 하는 거야, 뭐야?'

그가 으르렁거리듯 말했다.

"이봐, 아줌마. 나한테 그런 쓰레기 같은 소린 집어치워! 당신이 도대체 뭔데 내 인생을 이래라 저래라 하는 거야, 뭘 안다고. 당신은 환자 기저귀나 갈아주면 돼. 내가 뭘 먹든지 신경 쓰지 마. 굳이 남의 인생에 참견하고 싶으면, 그런 기분 나쁜 말은 다른 사람한테나 하라고!"

마침내 참다못한 간호사가 어금니를 앙다물며 해리를 노려보더니, 돌아서 나가버렸다. 문 밖을 나서는 간호사의 등에 대고 해리가 비꼬듯 말했다.

"내 자동차 바퀴 앞에 못 같은 거 뿌리지 말고."

코벨 간호사는 방을 나가면서, '이런 독종은 다른 사람에게 친절한 말 듣기는 틀렸다' 고 뇌까렸다. 그녀는 복도를 지나가는 다른 간호사에게 큰 소리로 말했다.

"변비 걸린 악어처럼 구는 환자라니, 딱한 노릇이지!"

한편, 병실에 혼자 남은 해리는 분노와 혼동 그리고 두려움의 먹구

름에 휘감겼다. 그는 꿈인지 뭔지 모르는 가운데 만난 여인이 방금 간호사와 한바탕 벌인 공방전을 어떻게 생각할지 궁금했다. 아마 다섯 원칙 중 하나에 저촉될 것이다.

"꿈이 아니에요, 해리."

어딘가에서 귀에 익은 여인의 목소리가 들려왔다.

"그리고 방금 당신은 코벨 씨를 엉망으로 대했어요."

해리는 깜짝 놀라 이리저리 고개를 돌려 살펴보았다. 여인의 모습은 보이지 않았다. 하지만 목소리가 들린 건 분명했다. 그는 가만히 기다렸다.

"당신은 '저의 의견을 받아들이지 않더라도 인격을 나무라진 마십시오' 라는 제1원칙을 어겼어요."

그 목소리가 다시 말했다. 목소리는 다른 곳에서 온 게 아니라 해리의 머릿속에서 울렸다.

"우리의 약속을 잊지 마세요, 해리. 잘못은 24시간 안에 시정해야 합니다. 간호사가 방을 나선 순간부터 시간은 적용됩니다."

"그래서 날더러 어쩌란 말이죠? 어쩌라고요?"

해리가 방 안을 돌아보며 물었다. 눈에 보이지 않는 사람과 대화한다는 건 맥 빠지는 일이었다.

"코벨 간호사가 지금 어떤 기분이겠어요?"

"내가 어떻게 알아요?"

해리는 여인과의 일이 정말로 꿈이 아니었다는 사실에 기분이 더욱 울적해져 볼멘 목소리로 대답했다. 그녀가 쉽사리 물러설 것 같지 않아 해리는 살짝 변죽을 울렸다.

"아까 그 간호사 나갈 때 보니까 약간 화가 난 것 같더군요. 하지만 당연히 들을 소리를 들은 거라고요."

"당신이 한 말 가운데 무엇이 화를 나게 했을까요?"

그녀가 물었다. 해리는 잠자코 있다가, 마침내 한숨을 섞어 말했다.

"아무것도 모르는 여자가 왜 그렇게 나대냐는 뜻으로 내 말을 받아들인 것 같군요."

"받아들이다니요, 해리?"

"그럼, 내가 한 말이 뭔데요?"

"그녀가 한 말 가운데 당신을 겁먹게 한 게 있었던 것 같아요."

"겁을 먹다니, 무슨 말입니까? 난 겁나는 게 없는 사람입니다."

"식습관을 바꾸고 규칙적인 운동을 하라고 했죠. 그런데 당신은 그런 변화를 원치 않아요. 그러니 겁이 난 거죠."

"그런 게 왜 겁이 납니까?"

그의 말에는 오기 같은 게 깔려 있었다. 마치 어린 소년이 자기는 번개가 무섭지 않으니 다른 아이들에게 번개를 가져와 자신의 용기를 시험해보라고 큰소리를 치는 것과 마찬가지였다.

"설명해드리죠. 변화를 받아들이지 않으면 다시금 심장마비에 걸릴 거라는 사실을 당신은 분명히 알고 있기 때문입니다. 그런데 공교롭게도 당신은 공포나 위협을 느꼈다고 실토하는 대신 오히려 간호사에게 모욕을 주었습니다."

"글쎄요, 내가 좀 심했던 걸로 합시다. 그래서 어떻게 땜질을 하면 좋겠습니까?"

해리가 태도를 누그러뜨리며 말하자 그녀가 제안했다.

"두 번 다시 모욕적인 말을 쓰지 말고, 당신의 근심을 간호사에게 이야기해보는 게 좋을 거예요."

"그런데 정말 난 먹는 음식은 바꾸기 싫습니다. 지금대로 먹는 게 즐거워요. 난 토끼가 아니라고요. 게다가 20킬로그램이나 살을 빼기도 싫습니다. 지금 몸무게에 만족한단 말입니다."

그 순간 해리는 폐부에 강한 통증을 느꼈다. 두려워졌다. 그는 잠깐 동안 숨을 고른 뒤 이어서 말했다.

"물론 변화를 거부하면 죽는다는 것도 압니다. 내 주위 친구들 중에도 몸을 마구 굴리다 일찌감치 저세상에 간 녀석들도 있습니다. 하지만 난 아직 황천길로 가긴 이르다고요."

"그런 이야기는 간호사에게 해도 괜찮아요, 해리. 그런 말을 듣고 모욕감을 느끼지는 않을 거예요."

"그럼, 그 간호사 말에 내 비위가 상했다는 말은 해도 괜찮다는 겁니까?"

"네, 기분이 상했다는 표현은 정당한 거죠. 더욱이 환자 기저귀나 갈라는 말을 듣는 것보단 훨씬 낫죠."

"좀 더 구체적으로 내가 어떻게 해야 하는지 알려주십시오."

"아까 그 간호사와의 경우에서 결코 잊어서는 안 되는 일은, 제1원칙에서 '제 인격을 나무라진 마십시오' 라는 부분입니다. 그녀도 이미 말없는 부탁을 하고 있던 거예요. 물론 당신이 반응을 보이는 건 좋아요. 만약 당신이 폭탄을 얻어맞은 기분이 들었다면 그렇게 말하세요. 그러나 절대로 그 느낌을 상대방에 대한 위협이나 인격모독으로 반격하진 마세요. 그러지 말고 자신의 이야기만 하세요."

"그렇게 하려면 어떻게 해야 합니까?"

죽을 고통을 겪으면서 몸에 온갖 선이며 튜브가 걸쳐 있는 상황을 참아내고 있는 판에, 남에게 훈시를 받는다는 사실이 그를 불쾌하게 했지만 잠자코 있기로 했다.

"당신의 이야기, 즉 당신의 경우를 말하세요. 당신 자신, 현재 당신의 심리 상태나 감정, 소망을 표현하세요. 그 경우 상대방은 당신의 말을 취사선택할 수 있어요. 상대방을 언급해 모욕을 주면 안 돼요.

당신 스스로에 대한 이야기는 적도 만들지 않고 악감정도 일으키지 않아요. 그런 이야기는 간호사의 속을 뒤집어서 방에서 뛰쳐나가게 하지도 않고요."

"듣고 보니 내가 정말 큰 실수를 한 것 같습니다. 어떻게 해야 이 일을 수습할 수 있겠습니까?"

해리는 그렇게 묻고는 그제야 눈앞의 문제가 생각나는지 한마디 더 덧붙였다.

"정말이지 그 간호사가 나한테 화가 나서 약이라도 엉망으로 지으면 큰일 아닙니까?"

"너무 염려 안 하셔도 되요. 다음에 그녀를 만날 때는 당신의 솔직한 감정을 이야기하고, 아까 그 장면을 고쳐서 해보세요."

"예, 한번 해보겠습니다."

해리는 대답을 해놓고 눈을 감았다. 사실 해리는 갑자기 커피 생각이 간절해져서 여인이 자신의 머릿속에서 사라져주었으면 하는 심정이었다.

몇 분 뒤 병실 문이 활짝 열리더니, 그 간호사가 약을 얹은 쟁반을 갖고 들어왔다. 마치 적군의 대포가 일제사격을 퍼부어도 끄떡하지 않을 것 같은 잔뼈 굵은 훈련교관의 얼굴이었다.

해리의 머릿속에서 여인의 목소리가 다시 들렸다.

"그녀에게 말하세요. 식이요법으로 몸무게를 20킬로그램 줄이라는 말을 들었을 때의 기분을. 당신 기분을 상하게 한 배경과 그것으로 받은 충격을 부드러운 말로 풀어서 이야기하세요."

간호사가 약을 건네주자 해리는 고맙다고 인사를 하고 나서 바로 이야기를 쏟아냈다.

"코벨 씨, 아까 내게 콜레스테롤을 없애고 식이요법과 운동으로 체중을 80킬로그램까지 내려야 할 거라는 말을 들었을 때, 사실 내 머릿속에선 매일 잠들기 전 조니워커 한두 잔씩 홀짝거리던 것이며 감자칩에 치즈를 발라 먹던 즐거움이 떠오르면서, 그걸 다 포기해야 한다고 생각하니 나도 모르게 겁이 났습니다. 한마디로 바꾸기 싫다는 강한 반발심 있잖습니까. 무슨 말씀인지 아시죠? 아무튼 그렇게 궁지에 몰리다 보니 순간 앞에 있는 당신이 원망스러웠습니다. 그래서 아까 당신한테 본의 아니게… 미안해요… 용서를 빕니다."

"괜찮아요, 이해할 수 있어요, 하트웰 씨."

간호사는 해리의 태도가 180도 바뀐 것에 놀라워하다가 이내 대답했다.

"건강하게 살기 위해 그렇게 하는 사람이 많다는 것으로 위안을 삼으셨으면 해요. 물론 누구든지 그런 통보를 받으면 쉽게 받아들이지 못하죠. 하지만 결국 극복하시더라고요. 그리고 하트웰 씨는 척 봐도 무척 강한 분이잖아요. 해내시리라 믿어요."

그녀는 격려의 말에 웃음까지 곁들였다. 잠시 후 그녀는 다른 일을 보기 위해 병실을 나갔다.

"생각보다 간단하군요."

해리는 여인이 침대 옆 방문객용 의자에 앉아 있기라도 하듯이 말했다. 사실 여인은 그의 머릿속 아니면 가슴속에 거처를 잡은 듯해서, 해리로서는 생각나면 언제나 접촉이 가능했다.

"저 간호사 정말 솜씨가 대단한 걸."

해리는 폭언을 휘두르지 않고도 자신의 감정을 남한테 전달할 수 있었다는 사실에 스스로 놀라서 말했다.

"내가 위협을 느끼고 겁을 먹었다는 사실을 밝히면 날 놀릴 줄 알았는데, 그렇지 않더군. 날 깔보지 않았어."

"오히려 무척 협조적이죠."

여인의 목소리가 들려왔다. 이제 해리는 그녀의 목소리를 자연스럽게 받아들인 듯했다.

"오셨소? 하지만 내 정유공장에서 그런 식으로 사과를 하면, 녀석들은 나를 마당으로 질질 끌고 다니며 운동회를 열 것입니다."

"꼭 그렇지만은 않을 걸요, 해리? 남의 인격을 탓하지 않고도 단지 당신 마음속의 변화만 이야기해준다면, 그들은 금방 당신을 지지해줄 거예요. 조소와 조롱을 계속했더라면 그 간호사도 적이 되었을 텐데 결국 친구로 만들었잖아요."

"내가 정말 직원들을 모욕하고 조롱했습니까?"

"거의 기회가 있을 때마다 그랬지요. 당신은 남의 인격을 나무라길 좋아하고 책임을 씌워서 괴롭히길 잘해요. 게다가 해리, 당신은 그런 걸 너무 무차별로 하다 보니 어떤 때는 이 세상 누구보다 사랑하는 사람인 부인까지도 몰아세울 때가 있어요."

그 말에 해리는 불만 가득한 목소리로 반박했다.

"그게 무슨 말입니까? 내가 아내인 몰리에게 심하게 할 리가 있겠어요?"

"사실이에요. 실제로 그랬습니다. 지난 달 집을 증축하면서 안방 목욕탕 공사 기억하세요? 당신이 퇴근해 집에 오니까 몰리가 말했죠. 흰색으로 된 보통 욕조를 설치하면 되냐고 배관공이 물어보더라는."

해리는 믿을 수 없다는 표정으로 고개를 흔들었다. 대체 이 여인은 나에 대해 어디까지 아는 건가?

"물론 기억나죠. 아내가 그렇게 말했죠. 그런데 답답하지 않습니까? 나는 분명 흰색도 아니고 보통 규격도 아닌, 회백색 계통의 증기탕·거품탕 겸용 특수 조립식 욕조를 들여놓자고 공사 시작 전에 이미 말했단 말입니다."

그러자 여인이 말했다.

"그때 당신은 아내에게 뭐라고 했어요? 어떤 식으로 말했죠?"

해리는 자기가 쓴 단어를 정확하게 기억하라는 데 짜증이 났다.

"정확히 기억나지는 않지만, 욕조 종류는 이미 우리 둘이 의견 일치를 봤지 않냐고 말했겠죠. 분명히 합의를 본 일이었으니까요."

"맞아요, 대강 그런 의도의 말을 하고 싶었겠죠. 하지만 그때 당신이 어떻게 말했는지 모르세요?"

"글쎄요, 정확한 기억이 없습니다. 그럼 내가 아내한테 몹쓸 말이라도 했다는 말입니까?"

"예, 했지요. '기억 안 나? 이미 이야기 다 된 거잖아. 기억력이 그렇게도 없나. 내가 몇 번을 말해야 알아듣겠어? 다음번엔 종이에 써서 줄까? 당신 그렇게 돌대가리였어?' 라며 아내의 마음에 상처를 주었죠. 그뿐인가요, 그날 밤새도록 그리고 다음 날 아침 식탁에서도 같은 말을 계속 퍼부었어요. 다시는 지우지 못할 인격 모독을 가한 거예요. 결국 당신이 의도한 그럴싸한 욕조는 구했지만, 당신 아내는 그 욕조에 발을 들여놓을 때마다 혹독하게 당한 그날의 일을 기억할 거예요."

해리는 그녀의 말을 듣고 느끼는 바가 있는지 곧바로 자신의 잘못을 시인했다.

"아, 내가 심했습니다. 왜 그렇게밖에 말을 못했는지."

"아무리 실망스러운 마음이 들어도 이렇게 말했어야 해요. '여보, 내가 정말 원하던 욕조를 얻지 못한다면 난 너무 실망할 것 같아. 그러니 우리가 그때 생각한 욕조로 주문하자' 하고 말예요."

"당신 말이 맞는 것 같습니다. 다르게 표현할 수도 있었는데 말입니다. 심할 정도로 아내의 실수만 꼬집었던 것 같네요."

"네, 바로 그거예요. 상대방이 실수를 하면 '인격'을 몰아붙이기 전에 실수를 시정할 기회를 주세요. 물론 부인은 욕조 문제로 실수를 했어요. 하지만 당신은 그 실수를 고칠 방법을 찾는 대신 아내의 인격을 실수 그 자체로 만들어버렸어요."

"잘못은 아내의 인격이 아니라 기억력이다, 그 말씀인가요?"

해리는 자기가 제대로 알아들었는지 확인하고 싶었다.

"정확하게 맞혔어요."

여인은 해리의 깨우침이 머리에 박힐 때까지 말을 쉬었다. 잠시 후 그녀가 말을 이었다.

"그뿐만이 아니에요. 아내가 선반을 만들려고 다듬지 않은 나무를 샀을 때, 두 사람 공동명의의 은행구좌에서 부인이 당신한테 알리지 않고 큰돈을 인출했을 때도 아내의 인격을 나무랐어요."

"하지만 그런 실수는 머리를 쓰지 않았기 때문이란 점도 인정해야죠."

"그래서 당신은 아내에게 온갖 욕설을 퍼붓고 심지어는 '머리는 떼어서 찬장에 두고 다니냐' 고 면박을 주었어요."

"아내가 잘못한 건 사실이잖아요. 시인할 건 시인해야죠. 한참 잘못한 부분입니다."

"또 그러는군요, 해리. 다시 한번 말하지만 아내의 인격을 나무라지 말아요. 부인이 어쩌다가 실수를 했다고 그녀의 '인격' 이 잘못된 건 아니에요. 이 점이 제1원칙의 핵심입니다. '실수' 는 지적하지만 '인격' 을 모독하진 말라는 거죠."

마침내 해리가 고개를 끄덕이며 말했다.

"알겠습니다. 두 번 다시 그러지 않겠습니다."

"부인을 대하는 태도를 고치는 게, 아마 당신한테는 가장 어려운 일일 거예요. 그 점을 놓고 시험을 받을 겁니다만, 오늘밤은 그만두죠. 오늘은 이 정도로 충분해요."

바로 그때 아내인 몰리가 아들 밥을 데리고 병실로 들어왔다. 해리의 얼굴에 화색이 돌았다.

"온 가족 총출동이네."

"여보, 이만하니 다행이에요."

몰리가 그의 볼에 키스를 하려고 몸을 구부리면서 안도의 흐느낌 소리를 냈다. 많이 울었는지 눈 주위가 부어 있었다.

"별일 없게 해달라고, 오후 내내 빌고 또 빌었어요."

"오늘 난 높은 곳에 계신 어떤 분의 재량 덕분에 삶을 되찾았어. 이제 다시 우리 함께 행복하게 새 삶을 즐길 거야. 그런데 밥, 회사에서 전화가 온 거니?"

"아니요, 병원에 도착하자마자 제가 밥에게 전화했어요."

몰리가 얼른 설명을 하는 사이, 밥이 건너와 아버지의 손을 잡으며 인사했다.

"그랬는데 같은 방 친구 말이 밥이 벌써 집으로 떠났다더군요."

그러자 밥이 맞장구를 쳤다.

"안 그래도 주말을 집에서 보낼 계획이었거든요. 정오에 마지막 수업을 끝내자마자 바로 떠났어요. 그런데 아버지를 이렇게 병원에서

뵐 줄은 몰랐어요."

"나 또한 계획에 없던 일이었어. 사실 오늘 계획 밖의 일을 몇 가지 겪었지."

그때 코벨 간호사가 들어와 몰리와 밥에게 말했다.

"죄송합니다만, 면회시간이 지났습니다. 내일 다시 오세요. 하트웰 씨도 내일이면 더 좋아지실 거예요. 오늘밤은 충분한 휴식이 필요합니다."

이 말을 듣고 해리가 지킬 박사와 하이드 중 어느 쪽 행동을 취할지 머뭇거리는 동안 코벨은 그의 눈치를 살폈다. 이내 해리는 아내를 달랬다.

"여보, 아무 걱정하지 마. 여기도 꽤 지낼 만한 것 같아."

며칠 뒤 몰리가 여느 때와 다름없는 미소로, 방금 한바탕 쇼핑을 본 듯이 쇼핑백 몇 개를 해리의 병실로 들어왔다. 키가 크고 주근깨 얼굴에 머리칼을 위로 빗어 올린 몰리는 나이에 비해 젊어 보였다. 그녀는 문 옆에 쇼핑백 꾸러미를 내려놓은 다음, 의자를 침대에 바짝 당겨 앉았다.

"여보, 저 한건 했어요!"

환한 웃음이 그녀의 얼굴에 번졌다.

"웹스터 씨 저택, 제가 끝냈어요. 지난 1년 동안 매물로 나와 있던 큰 집 있잖아요. 전에 한번 이야기한 적 있죠. 오늘 변호사 사무실에서 만나 계약서를 썼어요. 제가 받은 중개수수료로는 가장 큰 액수가 될 거예요!"

"오, 멋지게 해냈군. 당신 그거 성사시키려고 그동안 무척 열심히 뛰었지."

해리가 말하면서 손을 벌려 아내를 안았다. 그녀는 몸을 숙여 남편의 얼굴에 키스했다. 날씬한 몸매와 싱싱한 얼굴이 행복을 내뿜었다. 해리와 몰리는 잘 어울렸다. 둘 다 재치 있고 영리하며 아는 게 많았다. 쇼핑백을 바라보며 해리가 물었다.

"그런데 저 쇼핑백은 뭐요?"

"아, 저거요? 제 이번 일과 당신 좋은 소식 축하하려고."

"나한테 무슨 좋은 소식?"

몰리는 나이 많은 의사의 흉내를 내며 말했다.

"어젯밤 제가 주치의인 스튜어트 박사님께 전화를 드렸더니 당신 건강에 관해서는 '조심스런 낙관론'이래요. 다음달 중으로 퇴원하셔도 된대요."

아내가 언제부터인지 모를 만큼 오랫동안 가족 주치의를 해온 노박사의 흉내를 내는 모습에 해리는 웃음을 지었다. 몰리가 말했다.

"그런데 여보, 당신이 입원해 있어서 제가 그냥 밥의 이번 학기 대학 수업료를 송금했어요."

"잘했어. 그나저나 첫 학기 성적은 어떻게 나왔지? 성적표는 받았어?"

"네, 받았는데 좀 실망했어요."

몰리가 마지못해 실토했다.

"평균 2.25학점밖에 안 돼요."

그 말을 듣자 해리는 폭발하고 말았다.

"뭐라고! 고작 2.25밖에 안 되는데 수업료를 보내줬다고? 당신 기억 안 나? 정말 구제불능이구만. 2.5학점 이상을 못 받으면 집에서 수업료 안 보낸다고 밥과 합의했잖아. 알아서 학비 마련해야 한다고 말이야!"

해리의 이마에 땀방울이 솟기 시작했다.

"알아요, 당연히 기억하죠. 여보, 진정해요. 밥도 이번 학기부터는 잘하기로 약속했어요."

해리가 자기 가슴을 치며 말을 했다.

"잘하는 여편네군, 마음이 그렇게 약해서야! 그렇게 허구한 날 두둔만 하니 녀석이 책임감이란 걸 배우기나 하겠어? 벌써부터 엄마가 만만하다고 생각하겠지."

"정말이에요, 밥도 뉘우치고 더 열심히 하기로 약속했어요."

그녀의 말에도 아랑곳없이 해리의 분노는 수그러들지 않았다.

"약속 좋아하네! 약속이란 건 아무짝에도 쓸모가 없어. 기본은 실천이야. 내가 직원 녀석들을 당신처럼 아이 응석 받아들이듯이 한다면, 회사는 기름 한 방울도 생산 못해."

그러자 몰리도 더 이상 참을 수 없는지 조용하지만 강한 어조로 말했다.

"지금 저한테 하는 식으로 저도 당신에게 막말을 하면, 당신 기분도 좋지는 않을 걸요. 아내인 나도 이런데, 직원들은 어떻겠어요?"

그녀가 화를 억누르며 계속했다.

"밥이 훗날 당신 회사에 취직하게 되면, 당신은 그 아이의 상사가 되겠죠. 그러나 지금 이 순간 당신은 밥의 아버지예요. 제발 잊지 마세요. 아들을 직원이 아닌 당신의 혈육으로 대하는 것 말예요."

그때 코벨 간호사가 치료를 하기 위해 들어왔다. 그러자 몰리가 일어섰다.

"전 이만 나갈 게요. 내일 다시 오죠."

아내가 나가고 간호사도 치료를 마치고 떠나자 낮익은 목소리가 들려왔다.

"해리, 또 그랬군요. 몰리의 인격을 나무랐어요."

"글쎄요, 방도가 없었잖습니까."

해리가 온순한 양처럼 말했다.

"시계 바늘이 또 움직이기 시작했어요. 기억하세요, 24시간 안에 과오를 시정해야 한다는 것. 어떻게 하시겠어요?"

그러자 해리가 누구에게랄 것도 없이 아무데나 삿대질을 하면서 반박했다.

"수업료를 내준 건 몰리가 잘못한 겁니다. 인정할 건 인정하자고요. 분명히 아들과 약속을 한 거 아닙니까. 밥이 동의를 했어요. 더욱이 녀석은 머리가 나빠서 학점을 그 따위로 받은 게 아닙니다. 놀기만 하고 노력을 안 한 거지요. 난 아들을 위해 그런 제안을 했던 거고 녀석도 충분히 이해했다고 생각합니다. 이건 아이 스스로를 위한 겁니다. 책임감을 배워야 하니까요. 부모가 합의사항을 이행하면 그 애도 다 큰 성인으로서 약속을 지켜야 마땅합니다. 그 아인 성적을 알고 있었습니다. 다 드러난 일이잖습니까. 난 아무것도 남에게 숨긴 게 없습니다. 우리 아이가 잘되기만 바랄 뿐이죠. 그런데 엄마를 배후조종하게 내버려두면 그 아이한테나 아내에게나 좋을 게 없어요. 그 엉터리 녀석이 속임수를 쓴 건데, 몰리 덕분에 깨끗이 한건 한 거죠. 속은 건 난데 화를 낼 권리가 없단 말입니까?"

"권리야 분명히 있죠, 해리. 하지만 당신이 몰리한테 전달한 메시지는 그것이 아니었어요. 몰리를 속죄양으로 취급했으니까요. 욕을 하고, 온 힘을 다해서 몰리의 인격을 나무랐어요. 덕분에 당신은 또

한 번 심장마비를 일으킬 뻔했고요."

해리는 순간 이 점을 곰곰 생각했다.

"전화 한통화면 해명이 되겠습니까?"

"당신이 성의 있는 자세를 보인다면 몰리는 고마워할 게 분명해요. 화도 풀어질 거고요."

"그런데 어떻게 말을 하죠? 난 아직도 수업료를 보내준 건 아주 잘못된 처사라고 생각하는데요."

"해리, 그건 이미 부인께서 알아들었어요. 자기가 한 일을 당신이 아주 못마땅해 한다는 점에 대해 부인은 추호의 의심도 없어요. 그러지 말고, 아들한테 속은 것에 분노를 느낀다는 사실만 이야기하면 어떨까요? 밥이나 부인 어느 누구도 죄인 취급하지 말고요."

"글쎄요, 나는 재치를 부리는 데는 소질이 없는 것 같군요. 그저 상대를 내리찍어서 혼쭐을 내는 게 나한테 어울린다고 봐요."

"그럴 거예요. 비난하거나 비판하거나, 잘못을 꼬집거나 그 외에 남들을 몰아붙이는 갖가지 방법에 이력이 붙은 사람들은, 그런 습성을 고치는 데 애를 먹지요. 오랜 습관, 특히 파괴적인 습관은 순순히 물러서지 않아요. 하루아침에 제1원칙의 전문가가 되려고 하지는 마세요."

여인과 함께 약간의 연습을 한 뒤, 해리는 아내에게 전화를 걸어 용서를 구했다.

"여보, 아까 내가 당신한테 화를 터뜨린 건 미안하게 생각해. 밥한테 당한 걸 당신한테 퍼부었어."

"괜찮아요. 당신 지금 스트레스를 많이 받고 있다는 것을 아니까요. 밥이 저한테 성적을 이야기했을 땐 저도 실망했어요."

"그리고 난 그 녀석이 당신을 조종하는 방식을 택한 데 배신감을 느꼈어. 오히려 어른답게 자기 쪽 약속을 못 지켰노라고 시인을 했어야지."

"저도 화가 나요."

"성적이 나쁠 이유가 있긴 있었나? 그러니까 내 말은, 병을 앓았다든지 그런 적이 있어?"

몰리가 한숨을 내쉬면서 말했다.

"제가 알기로는 없어요. 늘 하는 핑계를 대더군요. 학업 외 활동이 많았고, 기말 논문을 늦게 내고, 항상 막판에 가서야 숙제를 하고, 때로는 제 날짜에 제출을 못했다는 둥 말이에요."

"어떻게 보면 당신이 수업료 보내준 걸 나한테 이야기하지 않는 게 나을 뻔했소."

"일부러 그런 건 아네요, 해리. 정말이에요. 그리고 당신 속 뒤집으려고 그 이야기를 끄집어낸 건 더더욱 아니고요. 제 자신의 분노와 죄의식을 당신과 함께 풀어보려 했다고나 할까요."

"우리 두 사람 모두 분노와 실망을 느낀 것 같아."

몰리의 반응에 기분이 좋아진 해리는 재량권 마감시한을 또 한번 보기 좋게 지킨 것에 만족감을 느끼며 전화를 끊었다. 그때 여인의 말이 들려왔다.

"용케 참아냈군요, 해리. 밥의 성적부진을 부인에게 또 뒤집어씌우면 어쩌나 하는 생각이 들었어요."

해리가 대답했다.

"몇 번인가 시비를 가리고 싶은 마음이 거의 입 안에서 맴도는 걸 느꼈지만, 재량권 마감시한 생각이 나더군요. 시계 바늘 움직이는 소리가 이렇게 신경이 쓰이다니 놀라운 일이죠."

며칠 뒤 구매부장인 헥터 모럴레스가 눈에 웃음을 가득 담고 병실에 들어섰다. 작달막한 키의 헥터는 젊고 따뜻한 마음을 갖고 있으면서 생각이 깊은 친구였다. 흔해 빠진 꽃다발이나 구식 과자상자를 선물로 가져오는 대신, 해리가 즐겨 보는 정치풍자 만화책을 사들고 오는 식이다.

만약 그 만화의 작가인 허블록이 알았더라면, 해리와 헥터 두 사람을 한 쌍으로 풍자만화를 그리고 싶었을 것이다. 해리가 거드름을 잘 피우는 사장이라면, 헥터는 단순한 숫자 벌레가 아니라 항상 새로운 시각에서 일을 하는, 창의력이 풍부한 아이디어맨이었다.

헥터는 넥타이와 양복이 제대로 되었는지 확인하려고 여기저길 매만지고 잡아당기면서 해리의 병상 옆으로 곧장 걸어왔다. 남과 이야기할 땐 상대방에게 바짝 다가앉기를 좋아하는 사람이다.

"사장님, 기분은 좀 어떠세요? 의사의 지시는 잘 따르고 계시겠죠? 건강관리 잘하시기 바랍니다."

문병 온 사람의 통상적인 인사말을 마친 헥터는 다른 화제로 부드럽게 말을 이어갔다.

"사장님이 안 계시니까 회사가 텅빈 것 같아요. 사장님 의자에 먼

지가 쌓이고 있습니다."

곧 이어 그는 자신이 해리의 병상까지 굳이 찾아와야 할 만큼 중요한 제의가 있다고 했다.

"사장님, 이런 시간까지 신경을 쓰게 해드려 죄송합니다만, 이 일이 우리 라모코에 큰 기회가 될 것 같아서요."

"그래? 무슨 깃발 날릴 일이라도 있는 건가?"

구미가 당긴 해리가 물었다. 헥터는 마치 경쟁회사의 직원이 문 밖에서 귀를 기울이고 있기나 한 것처럼 소곤거리듯 말을 시작했다.

"소문을 한 가지 들었는데요. 사우디 사람들이 석유를 대량으로 덤핑할 거라는 정보를 입수했습니다. 헐값에요. 오펙(OPEC, 석유수출국기구) 현 시가에서 배럴당 4달러씩이나 싸게 말입니다. 그걸 사들일 준비태세를 갖추어야 할까요, 사장님? 물량이 한정되어 있다는데요."

헥터의 이야기를 들은 해리는 내쫓을 듯 날카롭게 말했다.

"헥터, 네 머릿속엔 도대체 뭐가 들었냐? 썩 나가! 그런 소문은 멍청이들이나 믿는 거야. 내가 이렇게 병원에 누워 있다고 내 머리가 먹통이나 된 줄 알아?"

깜짝 놀라 한 발짝 뒤로 물러선 헥터는 두 팔을 옆구리에 축 늘어뜨린 채 말없이 바닥만 바라보았다. 순간 여인의 목소리가 해리를 가로막았다.

"방금 무슨 짓을 한 줄 아세요, 해리? 헥터의 인격을 나무랐어요."

"이런 젠장!"

해리는 결정적인 순간에 분노를 폭발시킨 것을 진심으로 후회하면서 소리쳤다. 그가 여인과 대화를 하고 있다는 걸 모르는 헥터는 자기에게 하는 욕인 줄 알고 돌아서서 나가려고 했다. 여인의 목소리가 계속해서 들려왔다.

"아마 헥터 씨가 떠나기 전에 사태를 바로잡을 수 있을 거예요. 빨리요. 사우디가 석유를 덤핑할 거라는 말을 듣고 어떤 느낌을 받았죠?"

해리가 조용히 대답했다.

"소문을 믿지 않았어요."

"하지만 헥터 씨에겐 이렇게 말했죠. '네 머릿속엔 도대체 뭐가 들었냐' 고요. 그 말은 '난 그런 소문은 안 믿어' 와는 큰 차이가 있어요. 실제로 느낀 그대로 헥터 씨에게 이야기하세요. 그를 물어 씹을 듯이 하지 않고도, 끝까지 이야기를 들어볼 수 있잖아요."

해리는 미안하다는 목소리로 헥터를 불러들였다.

"헥터, 이리 오게. 소리 지른 거 미안하네. 내가 좀 전에 한 말은, 그러니까 내 말뜻은, 그런 소문은 진실이 아닐 가능성이 높다는 거야. 사우디가 스스로 자기 코를 베어버리는 멍청한 짓을 하리라 믿기는 어렵지."

헥터가 다시 침대 옆으로 다가오면서 말했다.

"저도 처음엔 사장님과 같은 생각이었어요."

해리의 웃는 모습에 안심한 뒤 헥터가 말을 이었다.

"그런데 여러 가지로 분석을 해보면 지금의 이야기는 신빙성이 있거든요. 다른 오펙 회원국들이 하나같이 수출량을 속이니까, 사우디가 끝내 화가 난 거죠. 그래서 덤핑 작전으로 원유가격을 떨어뜨리면 이런 나라들은 상대적으로 재정적 고통을 받게 될 테니 자연히 의무수출량을 이행하게 될 것이라는 계획으로 볼 수 있습니다."

"음, 자네 말은 다른 오펙 회원국들이 기존의 쿼터(quota, 수출 배당량) 정책에서 자꾸 이탈하니까 제재를 가하는 방편으로 이런 작전을 쓸 수 있다는 건가?"

해리로서는 아직 이 소문을 받아들이기 어려웠다.

"예, 맞습니다. 우리 회사 입장에서도 싼 원유로 재고를 보강할 수 있는 기회가 되니 나쁘진 않을 듯 싶고요."

"그래, 자네 말도 일리가 있는 것 같군."

해리의 두뇌가 빠른 속도로 회전하기 시작했다. 소문 뒤의 숨은 논리가 보였다.

"열심히 해줘서 고맙네."

그가 진심으로 고마운 마음을 전했다. 헥터는 본론으로 들어서면서 자신의 말에 열을 올렸다.

“그래서 말입니다, 사장님. 이번에 한해서는 통상적인 재고 수준을 넘어서더라도 매입을 할 수 있도록 재가해주십시오.”

순간 해리의 머릿속에 이런 말이 떠올랐다.

‘헥터, 이번 게임에서 자네 그림대로 일이 돌아가지 않으면 어떡하려고 하나. 잔뜩 사놨는데 원유가격이 오르지 않고 더 떨어지면 넌 바로 해고야.’

하지만 해리는 이 말을 입 밖으로 꺼내지는 않았다. 여인이 미소 띤 말로 해리를 칭찬했다

“방금 그 말은 안 하길 잘 했어요, 해리. 안 해도 될 말로 상대방 감정을 상할 필요는 없으니까요. 헥터도 당신 못지않게 이번 일에 책임감을 지니고 있어요. 문제는 단 하나, 당신 스스로 그런 위협을 감수하면서 싸움터로 뛰어드느냐 마느냐 하는 거죠.”

해리가 큰 소리로 말했다.

“자네 생각대로 추진해봐. 결재해주겠네.”

“감사합니다, 사장님. 분명 잘될 겁니다. 저를 믿어주세요. 아, 그건 그렇고, 회사엔 언제 돌아오세요? 사장님이 안 계시니까 정말 썰렁합니다.”

“아마 몇 주일은 걸릴 걸. 의사 선생 말로는 내가 투사의 몸을 타고 나서 심장도 빨리 나을 거라네. 나도 한시바삐 전쟁터로 되돌아가고 싶어. 좀도 쑤시고. 난 옆에서 싸움 구경이나 하는 팔자는 못 돼.”

"대단하십니다, 사장님. 사장님께서 곧 돌아오실 거라고 모두에게 전하겠습니다."

"해리, 대견해요. 헥터의 제의에 인신공격을 가한 처음을 제외하곤, 대화를 잘 이끌어갔어요. 내 도움 없이도."

여인의 목소리가 부드럽게 들려왔다.

"내가 그렇게 성급한 결론을 내려서 상대방을 후려갈기는 줄은 몰랐습니다."

해리가 설명했다. 평소 자기가 얼마나 졸속적인 판단에 따라 다른 사람을 대하는지 깨닫게 된 데 스스로도 놀랄 정도였다.

"한 가지 염두에 둘 사실은, 당신이 남의 의견을 무시하면 그건 바로 스스로를 옹호하는 일이 된다는 점이에요. '너 멍청하구나' 라는 말은 '난 똑똑해' 와 같지요. 누구를 '게으르다' 고 하면, '나는 부지런하다. 난 당신 같지 않다' 라는 의미까지 포함되죠."

"돌아가신 아버지께서는 미식축구 때 항상 내가 동료보다 더 잘하기를 원하셨습니다. '우승패를 우리 집에 가져오고 싶어' 라는 게 당신 입버릇이었죠."

"아마 아버님의 가르침 중에는, '이기기 위해서는 상대를 지게 하는 수밖에 없다' 라는 것도 들어 있겠죠."

"맞아요. 다른 방법이 또 있겠습니까?"

"다른 사람을 지게 하지 않고도 내가 이기는 방법은 여럿 있어요. 꼭 상대방이 무릎을 꿇어야지만 이기는 것은 아니죠."

"나의 이 가시 돋친 말씨는 일품이죠, 그런 생각 안 들어요?"

"가끔 반드시 그래야 할 때도 있지만 당신의 혹평 가운데는 비정한 표현이 너무 많아요. 그런 말을 들으면 사람들은 결국 당신 곁을 떠나버립니다. 인격에 상처를 입고도 견디는 사람은 별로 없어요. 그런 언사는 기본적으로 '너 따위 멍청이는 꼴도 보기 싫다' 라는 것밖에 안 되는 거죠. 더욱이 사람들을 위협하고 괴롭히니까 사람들의 자발적인 협조를 얻기가 어려워요."

해리가 고개를 끄덕였다.

"나도 그런 걸 약간은 느꼈습니다."

"그런데 보세요. 간호사와 부인 그리고 헥터 씨에게 당신의 마음속을 털어놓으니까 모두 무장해제를 하고 나왔죠. 당신이 그들의 자존심을 갈가리 찢어놓지 않을 거라는 걸 알고 말이에요."

"남 위에 올라서려는 욕구, 승자가 되려는 믿을 수 없는 충동적 욕구가 나한테 있나봅니다."

"그건 좋아요. 다만 남들도 같은 생각을 가지고 있다는 사실만 염

두에 두면 돼요. 일을 해내고 말겠다는 욕심 때문에 당신은 남의 인격을 나무라고, 남을 패배시키려는 습관에 쉽게 빠져들어요. 그러나 제대로 된 조직에서는 다른 구성원을 매도하거나 비난하는 건 금물입니다. 그렇게 하다간 불신을 낳고 집단 내부의 관계를 위태롭게 하니까요. 해리, 정유공장 사람들 모두 당신에게 지지를 받고 싶어 하는 건 당연한 일입니다. 당신은 경영자니까요."

"일리 있는 말씀입니다. 하지만 생산성 문제는? 그것이야말로 내 소임의 기본 아닙니까? 인격을 나무라지 않는 게 생산성에는 어떤 영향을 줄까요?"

"아주 간단해요. 사람들은 자부심을 가질 때, 하는 일에 만족할 때 생산성이 오르고 능률이 가장 좋아지죠. 항상 잘못한다는 소리만 듣는 사람이 자신과 자신의 일에 만족을 느낀다는 건 불가능하죠. 자기들이 하는 일이 옳고, 무언가에 값진 기여를 한다는 소리를 들었을 때 생산성이 나오니까요. 자기가 속한 집단의 승리에 기여하고 있다는 말을 듣고 싶어 하는 거예요."

"그런 명료한 표현은 한 번도 들어보질 못했습니다."

"모두가 함께 승리자가 되는 일은 회사 바깥에서도 적용되죠. 납품업자와 고객들을 대할 때, 그들도 잘한다는 느낌을 받게 하세요. 어떤 인간관계라도 무너뜨려선 안 돼요."

"하지만 사람들이 정말 쓸모없을 때… 미안합니다, 그러니까 내 말은 사람들이 정말 옳지 못한 짓을 할 때는 어떻게 하죠? 말씀해주세요."

해리는 점점 흥미를 느끼기 시작했다.

"좋은 질문입니다. 하지만 지금은 대답이 망설여지는군요. 그건 마음으로 하는 경영의 제3원칙으로 들어가니까요. '따뜻한 마음으로 저에게 진실을 말씀해주십시오' 라는 거예요. 당신한테 무리한 부담을 주고 싶지 않아요. 당분간은 상대방을 혹평하는 기본적 표현들을 피하는 데 주력해주길 바랄 게요. 예를 들면 '너, 눈이 어떻게 된 거 아냐?' 라든지, '너 때문에 우리 모두 별 볼일 없게 됐어', '내 말의 요점을 못 알아듣는 멍청이군', '지겹지도 않냐, 쓸데없는 소리 작작해라' 등 말이에요. 오히려 상대방 행동에서 도움이 되는 부분을 찾아서 칭찬해주는 표현들을 써보세요. 가령, '자네 방금 그 질문, 이 문제를 푸는 데 새로운 관점을 제시했네', '자네 주장 가운데 몇 가지는 해결에 도움이 되겠어', '약간의 무리는 있지만, 방금 자네 이야기 덕분에 중요하지만 적당히 넘겨버리는 문제가 부각되었네', 또는 회의석상에서 다른 사람들을 둘러보면서, '케이트가 방금 제시한 주제를 어떻게 활용하면 좋을까', '팀 전체의 입장에서 생각해주니 고맙네' 등을 생각할 수 있겠죠."

"앞에 예로 든 표현 중에 몇 가지는 제 귀에도 익숙하군요. 제가 자주 하던 말인데, 저도 모르게 톡 쏘게 됩니다. 그런데 그 뒤의 표현들은 정말 나와는 거리가 멀군요. 내 입에서 그런 말이 나오면 가짜 냄새가 날 겁니다."

그러자 여인이 고개를 끄덕이며 말했다.

"물론 처음에는 어색한 느낌이 드는 것이 당연해요, 해리. 새로운 습관을 익히자면 그런 느낌은 지극히 정상이죠. 마음의 습관을 새로 배워나가려면 시간이 걸려요. 그래서 재량권 기간을 둔 겁니다. 비록 지금 힘은 드시겠지만, 그래도 제대로 배우고 있어요. 제2원칙도 마찬가지로 잘하실 거라 믿어요."

## 저의 이야기를 듣고 이해해주십시오

해리는 만족스런 웃음을 지으며 자기 책상의 가죽의자에 살짝 몸을 밀어 넣었다. 정유공장의 낯익은 석유 냄새가 라모코로 돌아온 해리의 마음을 사로잡았다.

'아, 이 냄새야말로 사업가인 내 가슴에 활력을 주는 깨끗한 산소 같은 것이지.'

그가 깊은 숨을 들이켰다. 퇴원 후 집에서 3주 동안 통원치료를 받은 뒤 드디어 출근이 허락되었다. 하지만 주치의인 스튜어트 박사가 주의를 주었다.

"한동안 반나절 근무만 하셔야 합니다. 체력을 되찾을 때까지는."

해리는 직원들이 와서 소란을 피울까봐 일찍 출근했다. 한동안은 혼자서 의자에 앉아 몸을 빙그르 돌려도 보고, 창밖으로 정유공장 내부를 들여다보고도 싶었다. 그는 깊은 만족감에 젖어 정유시설과 복잡하게 연결되어 있는 파이프들을 가만히 응시했다. 용해제와 연료, 화공약품 등을 생산하는 데 필요한 장치들이다. 지금 생각해보니, 이래라저래라 공장 운영을 감독하던 일이 얼마나 그리웠던가.

약초로 달인 차 한 잔이 책상 위에 놓여 있었다. 맛이 고약했다. 지난 3주 동안 집에 있으면서 그는 갖가지 차(레몬, 오렌지, 박하, 산딸기, 양딸기, 머루, 아몬드)를 맛보았지만, 아무리 몸에 좋다고 해도 김이 무럭무럭 나는 따뜻한 커피 한 잔만 못했다. 그러나 커피는 절대로 삼가라는 게 의사의 간곡한 당부였다.

스튜어트 박사로부터 커피를 끊으라는 지시가 떨어지던 날, 해리가 아내 몰리에게 말했다.

"여보, 만약 내가 당신 커피 잔에 코를 기웃거리며 냄새를 맡으려 할 땐, 당신이 명판관답게 반칙을 선언해줘. 벌칙은 다음날 아침 조깅 때 500미터를 더 뛰는 거고."

지금까지 해리는 벌칙을 받지 않고 무사히 넘겼다. 습관 훈련과 의지력 강화를 통해서 자신에게 주어진 규칙을 엄수했다. 한 가지 마음을 정하면 그대로 해내는 그였다.

몰리는 해리의 체중 변화를 알 수 있도록 진도표를 만들어보라고 제의했다. 그는 이 아이디어를 준 아내에게 감사의 표시로 '승진 조치' 를 내렸다. 아내의 인격을 모독하는 발언은 절대 하지 않기로 한 게 바로 그것이다. 그는 체중 진도표의 작성을 비서인 앤 레이니에게 부탁하기로 했다. 하루하루 건강 강화 훈련의 성적을 알아보기 위해서 말이다.

집에서 통원치료를 시작할 무렵 해리는 '이제 머릿속 여인이 그만 가주었으면' 하고 바랐다. 하지만 그의 간절한 바람과는 달리 여인은 사라지지 않았다. 여인은 해리의 상상력이 빚어낸 허구적 존재가 아니었다. 오히려 그의 의식에 항구적으로 자리 잡은 큰손님이었다. 해리가 여인에게 어떤 메시지나 질문을 보낼까 생각만 해도 여인의 목소리가 또렷하게 마음속에서 들리는 것이다. 어떤 때는 여인이 먼저 자신의 존재를 알려오기도 하고 앞장서서 대화를 이끌었는데, 그것은 해리가 무슨 말을 잘못해서 재량권 시계 바늘이 째깍거리기 시작했다는 점을 알리기 위해서였다. 그래도 전체적으로 볼 때 해리의 평균 타율은 좋은 편이었다.

집에 있을 때도 여인은 마음으로 하는 경영의 다섯 가지 원칙에 관해 계속해서 해리를 지도했다. '저의 이야기를 듣고 이해해주십시오' 라는 두 번째 원칙이 해리에게는 아마 좀 더 까다로울 것임을 상기시켜주기도 했다.

"제2원칙 때문에 뭔가 신경 쓰이는 게 있습니다."

해리는 서재의 흔들의자에 앉아서 아버지와 함께 정유공장 앞에서

찍은 대학 시절 사진을 보며 말했다. 여인이 물었다.

"뭔지 말씀해보세요."

"이 원칙을 실행에 옮기면 사람들이 좋아할 건 분명해요. 그런데 생산성이 문제입니다. 아버지께서 늘 하시던 말씀이 있어요. '석유 사업의 단 한 가지 원칙은 생산성' 이라고요. 나도 그런 식으로 정유 공장을 운영해왔습니다."

"그러니까 당신이 염려하는 건, 생산성 조항이 마음으로 하는 경영의 원칙에 들어있지 않다는 점인가요?"

"바로 그 점입니다. '저의 이야기를 듣고 이해해주십시오' 라는 사고방식에다 생산적인 공장 운영을 어떻게 짜 맞춥니까?"

"다섯 가지 원칙이 듣기도 좋고 인간적이라서 사람들의 호감은 사겠지만, 라모코 경영주 입장에서는 부족한 면이 있고 실천에 옮길 이유로는 약하다, 그런 말씀이죠?"

해리가 뜸을 들였다가 말했다.

"내 속마음을 솔직히 말씀드리겠습니다. 내가 이러고 다니는 건 단지 그 재량권 문제 때문입니다. 당신의 그 다섯 가지 원칙이 정유회사 경영주인 내가 본분을 다하는 데 무슨 도움이 되는지 정말 모르겠습니다. 생산성이 가장 중요한데 말입니다. '죽기 싫으면 생산을 하라', 여기에 이 사업의 요체가 있습니다."

"그런데 제가 지금 당신께 하는 말은 이거죠. '죽기 싫으면 마음으로 경영을 하라.' 이 최후통첩이 '죽기 싫으면 생산을 하라' 와 서로 모순된다고 생각하시는군요."

그는 동의의 몸짓으로 팔을 벌리면서 말했다.

"그렇습니다. 당신 때문에 난 마음으로 경영을 해야 하지만 같이 일하는 사람들은 그렇지 않고, 그러다 보면 충돌이 빚어집니다. 그런데도 우리 정유회사 경영진들이 모두 이 다섯 가지 원칙을 실천하면 정말 능률이 오를까요? 그리고 당신이 말하는 능률이라는 건 '자상하고 온유한 것' 이 아니라, '생산성 높은 정유공장을 만드는 것' 이고요. 직원들의 생산성을 높여주지 못하는 경영방침은 그 어느 것도 진지하게 검토할 가치가 없다는 거죠?"

"예, 정확히 보셨습니다. 그 이상 더 좋은 표현은 못하겠습니다. 그래도 당분간은 '저의 이야기를 듣고 이해해주십시오' 라는 제2원칙만 다루기로 해요, 해리."

해리도 동의했다.

"좋습니다. 행여 내 말을 오해하진 말아주십시오. 다른 사람 말을 경청하는 게 일반적으로 좋은 일인 줄은 나도 압니다. 하지만 나에게는 대규모 정유회사를 유지해나가야 할 책임이 있습니다. 그게 걸린다는 거고요. 그럼 제2원칙이 생산성에 어떤 영향을 주는지 말해보세요."

"공장에서 직원들이 가장 높은 생산성을 보일 때가 언제죠, 해리?"

해리가 곧바로 대답했다.

"해야 할 일이 무엇인지를 알고, 그걸 해낼 때죠."

그 말은 해리 자신의 아버지가 수천 번도 더 써먹은 말이었다.

"좋아요. 그럼 다른 관점에서 이 문제를 보죠. 기계와 비교할 때, 사람들이 자기 일에 대해 감정과 생각 그리고 의견을 갖고 있지 않은 채로 얼마만큼 일을 계속할 수 있다고 보세요?"

"이론상으로 기계는 기름칠과 정비만 잘해주면 10년에서 20년은 버틴다고 보는데, 사람들이란 재잘대지 못하면 참지 못해요. 정말이지, 그건 누구보다 제가 잘 압니다. 종일 사람들 말소리만 듣고 지내니까요."

"맞아요. 사람이란 자신의 감정을 말하고, 생각을 나누고, 남에게서 고마움과 가치를 인정받아야만 살 수 있어요."

"그렇다면 종업원들이 나한테 감정의 찌꺼기를 내다 버리려 할 때도 기꺼이 귀를 기울여 이해하는 노력이 필요하다, 이런 말씀입니까?"

"사람들이 자부심을 느끼도록 도와주는 데는 그것도 아주 좋은 방법이죠. 이야기를 듣고 이해를 해주면, 사람들은 정유공장에 중요한 기여를 하고 있다고 느끼게 되죠."

"기계에 윤활유를 쳐서 더 부드럽게 돌아가게 하는 것처럼?"

"그 이상이에요. 기계란 마음도 감정도 없어요. 반면, 사람은 꿈이

나 희망이 없어요. 사람들은 자신들이 정유공장의 중요한 부분이라는 생각을 가지고 싶어 합니다. 그러니까 사람들 말을 듣고 이해해주면, 그들은 당신과 유대의식을 느끼게 되죠. 나아가 당신이 중요하다고 생각하는 것, 예컨대 정유공장의 생산성에 대한 연대감이 생기게 되요."

"요컨대 내가 남에게 귀를 기울이는 게 그 사람의 자긍심을 키워주고, 저와 정유회사에 대한 유대감을 심어준다, 이겁니까?"

"맞아요. 자기 말을 남이 듣고 이해해주지 않을 때, 사람들은 자부심을 느끼지 못합니다. 더군다나 무언가에 기여한다는 생각도 가지기 어렵죠."

"그건 미처 생각해본 일이 없지만, 듣고 보니 일리는 있군요."

해리가 흔들의자에서 일어섰다.

"우선은 당신의 의견을 따르겠습니다. 하지만 아직도 마음 한 구석엔 의문이 남아요."

"해리, 의문이 남는다면서 왜 따르겠다는 거죠?"

해리는 적당한 대답을 궁리하다가 웃으며 말했다.

"이렇게만 말씀드리죠. 당신이 지금까지 내 이야기를 듣고 이해해주었으니까요."

며칠 뒤 해리가 집 근처 공원에서 산책을 하고 있는데, 여인의 목소리가 들려왔다.

"제2원칙의 적용에 관해서 복습할 준비가 되셨어요?"

해리는 동의의 뜻으로 고개를 끄덕였다. 여인은 눈에 보이진 않았지만, 이젠 그녀와 함께 있는 시간이 즐거웠다. 혼자 있을 때에도 그는 여인에게 큰 소리로 말하는 걸 즐겼다. 때때로 그는 흰색으로 번쩍이는 방에서 여인과 처음 만났을 때의 기억을 되새기며, 그녀가 긴 의상을 입고 자기와 함께 걷는 상상을 하기도 했다. 그것이 어쩐지 더 자연스런 느낌이 들었다. 여인은 차분하게 이야기를 시작했다.

"남이 자신의 이야기를 들어주고 이해해주길 바라는 게 모두의 바람이죠. 하지만 불행하게도 그런 바람은 잘 이루어지지 않죠. 정말 남에게 귀를 기울이는 사람은 얼마 되지 않아요."

해리는 여인을 바라보기라도 하듯 고개를 돌리며 말했다.

"무슨 말인지 압니다. 난 남의 말을 잘 듣는 사람으로 자부하고 있거든요. 모든 직원들은 저한테 감언이설을 하거나 눈 가리고 아웅하는 짓을 해도 소용없다는 걸 압니다."

그러자 그녀가 해리의 말을 바로잡았다.

"지금 내가 한 말은, 사실을 정확하게 파악하는 것만을 의미하는 게 아녜요. 말하는 사람의 의도대로 정확하게 그 내용을 이해한다는 뜻이에요. 잘못 알아듣고 오해를 하면 인간관계가 무너지죠. 그런 예는 무수히 많아요. 그래서 조직이 입은 손실도 부지기수예요."

해리가 맞장구쳤다.

"내가 직원들한테 말하는 게 바로 그겁니다. 상황을 잘못 파악하면 큰 손해를 봅니다. 직원들은 사실관계를 제대로 파악해야 한다는 걸 알아요. 왜냐, 내가 조심스럽게 듣고 많은 질문을 하니까요. 그리고 내가 물어보면 반드시 대답을 해야 해요. 나하고 이야기할 때는 울상을 지으면서 문제를 회피하는 행동 따위는 있을 수 없습니다."

"사실 당신은 전혀 귀를 기울이지 않을 때도 자주 있어요. 그렇지 않다고 강변하겠지만."

"무슨 말이죠?"

해리가 방어 자세로 물었다. 여인은 잠깐 침묵을 지켰다. 해리는 걸음을 멈추고, 여인과 맞서려는 듯 몸을 돌렸다. 여인이 이야기를 시작했다.

"약 1년 전 경영자 대표 회의로 되돌아가보죠. 본사의 시장 개척 담당 이사 코니 마루카 씨가 라모코 정유공장의 연료용 석유 품질 관리에 우려를 표명했어요. 거기에 대해 당신이 뭐라고 말씀하셨는지 기억나세요?"

기억났다. 그때 해리는 이사회 회의 탁자에서 벌떡 일어나 이렇게 소리를 질렀다.

"지금 그 지적사항에 답변하겠소. 첫째, 코니 이사 당신은 지금 자기 말뜻도 모르고 떠들고 있소. 둘째, 우리 공장에서는 품질에 관한 거래처의 불평 사례가 거의 없었소. 셋째, 각 영업장에서 들어오는 보고서를 보면 정상적인 허용치 범위 내에 있소. 넷째, 당신이 라모코 그룹의 잠복성 편집증 환자라는 점은 접어두더라도, 지금 연료용 석유의 품질 문제를 당신이 들고 나오는 것은, 통계적인 품질 관리 제도를 반대하는 노조 측의 주장을 부활시키려는 악의적인 방편으로밖에 보이지 않소!"

"그것 말고 또 기억나는 게 있죠? 코니 씨는 일방적으로 얻어맞기만 하고 할 말은 못해본 심정으로 회의장을 나갔죠. 그로 인해 6개월 동안 세 군데 전력회사가 라모코와의 연료용 석유 계약을 취소했어요. 수년 동안 지켜온 귀중한 거래처인데, 결국 모두 잃게 됐죠."

그러자 해리가 코웃음을 쳤다.

"계약 취소 소식을 들었을 때 기억이 아직도 생생합니다. 경영자 대표 회의를 긴급 소집토록 했죠. 그런 거래처를 손가락 사이로 빠져나가게 내버려둔 코니가 죽이고 싶도록 미웠습니다."

여인이 끼어들었다.

"죽이질 못했죠. 왜냐하면 그녀가 눈물을 글썽이며 '연료용 석유의 품질 관리가 필요하다는 사실을 이제와서야 주목해주는군요. 전에는 들으려고도 않더니' 라고 말했거든요. 그래서 당신은 그제야 그녀의 이야기를 알아듣게 되었죠. 그 거래처들이 라모코를 그만두기로 한 이유가 다름 아닌 코니 씨가 경고를 한 바로 그 이유, 즉 고객의 요구에 부응하기엔 충분치 않은 품질 때문이었다는 것을. 처음부터 그녀의 말을 듣고 이해를 했더라면, 사업상의 손실을 회피할 수 있었을 텐데 말이죠."

해리가 맥 빠진 고집을 부렸다.

"코니가 우리한테 사전 통보를 좀 해줬어야죠. 자기의 주장을 입증할 구체적인 자료도 제시하고 말입니다."

"그녀도 그러려고 했죠. 하지만 당신이 마음의 문을 닫아버렸어요. 당신은 그녀의 말을 경청하지 않았고, 그녀의 인격을 모독했죠."

해리는 기가 꺾인 말투로 말했다.

"최소한 제2원칙만큼은 거저먹기라고 생각했는데, 이제 보니 아직도 난 장님이군요."

"옛말에 '뭔가를 제대로 할 시간은 모자라고, 같은 실수를 되풀이할 시간은 넘친다' 라는 말이 있어요. 남의 말을 듣는 데 서투르면, 같은 일을 두 번 하기 십상이죠."

그러자 해리가 제의했다.

"그러면 코니와의 회의 장면을 다시 해보죠. 어떻게 하면 좀 더 잘

경청했을까요? 첫 번째 회의 때 난 그 여자 이야기를 이해한 걸로 생각했습니다. 그녀보다 내가 석유산업에 밝은 건 사실이니까요."

"해리, 당신이 다른 사람들에게 종종 전달하는 메시지는 '사실을 들고 와서 나를 혼란에 빠뜨리지 말라. 난 벌써 내 의견이 있으니까'와 같은 식이에요. 이 때문에 사람들은 당신한테 제안을 별로 내놓지 않는 거예요. 해봤자 당신은 인정하지 않으니까요. 그들이 종종 혼잣말을 하는 게 있어요. '해리는 내가 무슨 말을 하려는지 벌써 안다고 확신하니까 한 번도 내 말을 끝까지 듣지 않아', '해리는 이미 해답을 알고 있으니까 나한테서는 정보를 바라지도 않아'와 같은."

간밤에 내린 비 때문에 팬 웅덩이에 발을 헛디딜 뻔한 해리는 홧김에 발 앞에 놓인 나뭇가지를 걷어찼다.

"사나이의 감정을 건드리는 데 일가견이 있으시군요. 당신과의 대화 채널을 꺼버리고 싶은 기분입니다. 지금 생사의 문제만 없다면 말입니다."

여인이 부드러운 목소리로 말했다.

"내가 여기 온 것은 당신을 살리기 위해서예요, 해리. 난 당신 편이에요. 우리 둘이 함께 이기지 않으면, 둘 다 지는 거예요."

해리가 한숨을 길게 내쉬더니 한발 양보하며 말했다.

"알겠습니다. 나에 관해 그런 말을 듣는 게 불쾌했을 뿐입니다. 사람들이 그런 식으로 날 보고 있을 줄은 몰랐거든요. 언제나 남의 말을 경청하고, 확실하게 이해했다고 생각해왔는데 말입니다."

"당신이 흔히 상대방을 이해했다고 생각하는 경우에도, 그걸 확실히 하기 위해서는 면밀한 확인 작업을 해야 합니다. 상대방에게 자기 생각을 밝힐 기회를 주세요. 그러면 좋은 의견들을 얻게 됩니다. 아까 이야기한 그 첫 번째 회의에서도, 코니가 알고 있는 사실을 모두 제시하도록 기회를 주고 난 다음에 그녀의 이야기를 들은 소감을 조용히 되새겨봤더라면, 그 회의는 새로운 품질관리 절차의 장단점에서 출발해 당시의 마케팅 상황, 나아가 신규 사업의 가능성으로까지 진척되었을 거예요. 거래처를 잃지도 않고, 이익증대 방안까지 구상할 수 있었을 거고요."

"사람들 말을 완전히 끝까지 듣고 난 뒤에 반응을 보여라, 이런 이야긴가요?"

"그게 대략적인 핵심이에요, 해리. 또 한 가지, 토론 초반에 중요한 것은 상대가 한 말을 어떻게 이해했는지를 요약해서 답변하는 겁니다. 이른바 '듣기 확인 과정'이라는 게 바로 그거죠. 그러면 상대방 이야기를 다 들었다는 증거가 되고, 오해가 있었다면 그 사람에게 해명할 기회를 주는 게 되죠."

"남의 말을 앵무새처럼 되받아넘기는 게 시간낭비라고는 생각하지 않습니까?"

여인이 설명했다.

"듣기 기술은 흔히 수동적이라고 생각하기 쉬운데 그렇지 않아요, 해리. 남이 방금 한 이야기의 요점을 듣기 확인 과정을 통해서 다시 풀어서 들려주면, 상대는 당신이 내용을 확실히 파악했다는 걸 알 수 있죠. 그것은 당신이 정말 듣고 있었다는 증명도 되고요."

"남이 방금 한 말을 자꾸 되풀이한다는 것, 그거 사람 미칠 노릇 아닐까요? 게다가 바보스럽게도 들릴 거고 말입니다."

"아뇨, 그렇지 않아요. 한 문장이 끝날 때마다 그걸 반복하라는 게 아니에요. 그러다간 사람들이 짜증을 내겠죠. 그러나 가끔 가다 한 번씩 다른 사람의 말을 바꾸어 표현해주면, 당신이 듣고 있고 이해하려 한다는 걸 보여주는 셈이죠. 그리고 상대가 전하고자 하는 중요한 사항을 듣지 못했을 때, 그 뜻을 해명할 기회를 주게 되는 거예요. 예를 들어 아까 다른 사람의 말을 듣고 난 소감을 되새겨보라고 하니까, 당신이 내 말뜻을 못 알아들었죠. 그런데 나중에 그 점에 대해서 당신이 반응을 보였기 때문에, 내가 하고자 한 말뜻을 해명할 수 있었던 겁니다."

"또한 내가 듣고 있었다는 증거도 되고요."

이로써 해리는 여인에게서 하나의 작은 승리를 따낸 셈인데, 자기가 제2원칙을 잘 이수하고 있음이 이걸로 입증되기를 바랐다. 그 점은 여인도 동의했다.

"네, 그래요. 덕분에 당신은 저한테서 신임을 받을 수 있었어요. 그리고 당신하고 계속 의사소통을 하고 싶은 열의도 생겼고요."

해리가 야릇한 미소를 띠며 말했다.

"난 당신 이야기의 포로가 되었습니다."

"마음으로 하는 경영은 인간적인 문제에도 적용할 수 있죠. 적극적으로 듣고 있으면, 일차적으론 말의 내용과 정보, 아이디어에 귀를 기울이게 되죠. 그러나 나중에는 상대방의 태도와 의향, 감정에도 귀를 기울이게 되요. 사람들의 중요한 감정 속에서 정보가 묻어나오는 수가 많으니까요."

일을 하는 데 개인의 감정은 방해가 된다는 확신을 아직 갖고 있는 해리가 물었다.

"태도와 감정이 정유공장 운영과 무슨 상관이 있는지 아직 잘 모르겠습니다. 내 사업은 냉엄한 사실관계와 믿을 만한 정보에 기초를 두지, 감정 같은 말랑말랑한 것과는 상관없다고 생각합니다. 시장에 내놓을 제품을 만드는 데 감정은 필요가 없지요. 감정 같은 건 전혀 다른 게임에서 쓰는 겁니다."

여인이 동의하지 않음을 해리는 직감했다.

"지난 4월 야간 작업 때 담당 부장 댄 하우드를 만났던 일 기억나세요?"

해리의 대답은 조심스러웠다.

"예, 기억납니다만, 또 무얼 캐내려는 거죠?"

“그때 벌어졌던 일 기억나시죠?”

“내가 기억 못하면 당신이 해주겠죠, 뭐.”

4월의 어느 날, 야간 작업이 한 시간 반쯤 진행되었을 때였다. 해리는 늦게까지 일을 하다가 정유공장을 한 바퀴 순시하기로 했다. 경영주라면 공장 안에서 돌아가는 일을 몸소 알아야 한다고 믿는 그였다.

복도를 따라 내려가던 중 댄 하우드의 사무실을 지나쳤다. 창문 너머로 댄이 책상에 앉아 두 손으로 머리를 감싸 쥔 채 웅크리고 있는 게 보였다. 해리는 ‘무슨 문제가 있어 그 해답을 찾아내려는 거겠지’ 하고 생각했다. 10분이 지나 순시를 마치고 외투와 서류가방을 집으러 사무실로 되돌아가던 중 그는 댄의 사무실을 또 들여다보았다. 댄은 천천히 고개를 들다가, 해리가 문 옆에 있는 것을 보고 깜짝 놀라 급히 나왔다. 눈 주위가 불그레했고, 눈동자에 핏발이 서 있었다.

“방해할 생각은 없었네, 댄. 무슨 생각에 빠져 있는 것 같기에 말이야. 별일은 없지?”

문고리에 손을 얹은 채 댄이 설명했다.

“요즈음 몸이 좀 좋지 않아서요. 약간 저기압입니다.”

"그래, 나도 알아. 모두들 감기와 싸우고 있지. 약은 먹고 있겠지?"

"예, 먹었지요. 그런데 아무리 해도 낫지를 않아요."

그의 말을 듣는 둥 마는 둥 하던 해리는 몸을 돌려 용해제 작업반 명단을 가리켰다.

"그런데 댄, 야간 작업반 전원 출근했나? 조금 전 거길 가봤는데, 전원 출근이 아닌 것 같아."

"아, 그렇습니까. 죄송합니다."

"그게 무슨 말이야? 자네가 모르다니."

"아, 아직 내려가보지 못했습니다."

해리는 깜짝 놀랐다.

"이 사람이 제 정신인가. 여태껏 뭘 하고 있는 거야?"

댄이 상기된 표정으로 대답했다.

"안 그래도 막 내려가려던 참이었습니다."

"자네가 머리를 손에 파묻고 여기 앉아 있던 게 적어도 10분은 돼. 이봐, 정 힘들면 병가를 내란 말이야! 하지만 일단 이곳에 나타난 이상은 작업반을 지휘하는 게 자네 임무잖아."

해리는 댄을 내보내려고 문간에서 비켜섰다.

"예, 사장님 말씀이 옳습니다."

"댄, 자네는 여기서 책임이 무거워. 내가 믿을 수 있도록 해줘야지. 작업반이 현장에서 일을 제대로 하고 있는지 책임지고 확인할 사람

은 자네 말고는 아무도 없어. 우리 정유공장은 생산 실적 1위야. 그대로 밀고 나가야 하지 않겠어?"

댄이 몸을 돌려 해리를 바라보며 말했다.

"예, 최선을 다하겠습니다. 그런데 사장님, 작업반에 한 녀석이 문제가 좀 있는데요. 중독인지 작업 도중 계속해서 술을 마시는 것 같습니다. 어떻게 할까요?"

"음주 약물 남용 문제가 있는 녀석들은 기본 절차에 따라 처리하게 되어 있잖아. 치료실의 캐시를 만나보게 하고 환자 등록을 시켜."

댄이 머뭇거렸다.

"글쎄요. 그 친구가 자기 일이 공개되는 걸 원치 않을 텐데요."

"그런 녀석의 사사로운 감정까지 돌봐주는 게 내 임무는 아니야. 자네 임무도 아니고. 그게 창피하다면 좀 더 의지력을 쓰라고 해. 좀 더 힘을 내라고 말이야. 연말 전에 달성해야 할 목표치가 있다는 걸 상기시켜 주라고."

여인이 말했다.

"해리, 그런데 두 달 뒤에 댄 하우드 씨 본인이 알코올 중독 치료에 자진 등록했죠?"

"그건 사실이지만, 그게 듣기 기술과 무슨 관계가 있습니까?"

"댄 씨는 자신이 갖고 있는 정서적인 문제를 당신과 의논하려고 했는데, 당신은 그런 사실을 몰랐어요. 그날 밤 정유공장을 떠날 때만 해도 당신은 그 사람의 깊은 고민을 전혀 모르고 있었죠. 당신한테 털어놓을까 말까 눈치를 보면서 용기를 가다듬고 있었는데 말이에요. 도움의 손길을 찾고 있었던 거죠. 구조신호를 내보내고 있었던 거예요."

해리가 의심스럽다는 듯 말했다.

"한 번 만난 자리에서 내가 모든 걸 알아차릴 수 있으리라고 생각하십니까? 난 독심술이나 심리치료를 하는 사람이 아닙니다."

"좋은 듣기 자세는 사람들의 심중을 내보이게 함으로써 궁금증이나 어림짐작을 피할 수 있어요. 쉬운 일은 아니지만 연습은 필요하죠. 듣기와 이해하기에 관한 이번 원칙을 써서 당신이 충분한 연습을 하도록 돌보는 것이 제 소임이에요, 해리."

"듣기 기술이 정말 그 정도로 중요하다고 생각하십니까?"

"확실히 그래요, 해리. 뿐만 아니라, 듣기와 이해하기의 기술을 배우는 건 나하고 한 약속의 일부예요. 선택의 여지가 없어요."

며칠 뒤 해리는 주야간 작업 전반을 감독하고 있었다. 아침 작업시간을 알리는 호각 소리가 공장에 울리자, 그는 컴퓨터 화면에 월간 작업 보고서를 띄웠다. 그리고 화면에 나타난 내용을 보고 눈살을 찌푸렸다. 수치가 기대에 못 미쳤고 본사에 통보한 예산 추계에도 미달했기 때문이다. 다음 4분기 중에 실적을 향상시키려면 과감한 조치를 취할 필요가 있었다. 즉각적으로 머리에 떠오르는 것이 원가절감이었다. 해리는 살아가면서 몇 가지 고정관념을 갖고 있었는데, 원가절감이 그 중 하나였다. "경비를 줄여라"는 "무슨 수를 써서라도 이겨라"와 마찬가지로 아버지에게 물려받은 처세훈의 하나였다.

"대공황 때 내가 받은 경제교육 중에서 가장 좋았어."

저녁식사를 마친 뒤 담배와 커피를 즐기며 지난날을 되돌아보는 한가한 시간에 아버지가 자주 하던 이야기다. 아버지인 존 하트웰은 미국 대공황을 이겨낸 사업가 중 한 사람이었다. 껍데기라도 걸치고 있으려면 원가절감을 해야 한다고 늘 말하곤 했다.

심장마비 위험 때문에 담배와 커피를 포기한 해리였지만, 그렇다고 원가절감 원칙까지 포기할 입장은 아니었다.

해리가 원가절감을 라모코의 새로운 방침으로 정한 바로 그 순간,

영선부 책임자인 웨슬리 워싱턴이 사무실 문을 두드렸다. 웨슬리는 정유공장에서 해리보다 덩치 크고 힘이 센 몇 안 되는 사람 중 한 명이었다. 그러면서도 마음은 비단결이었다. 해리가 늘 하는 말처럼, 웨슬리는 달콤하기가 설탕과 같았다.

"드디어 돌아오셨군요! 다시 돌아오셔서 기쁩니다, 사장님."

웨슬리는 빙긋 웃으며 뚜벅뚜벅 걸어와 해리에게 인사했다. 그는 누구 못지않게 충직했으며, 기질로 보면 사람 잘 따르고 부드러운 세인트 버나드 품종의 개와 같았다. 그러나 해리는 세인트 버나드와는 말이 통하지 않았다. 그가 알기로 이 품종의 개들은 사람을 졸졸 쫓아다니며 꼬리나 흔들어대고 손바닥에 끈적끈적한 침이나 발라대는 성가신 존재였다. 두 팔 걷어부치고 일을 해야 할 판에는 더욱 그랬다. 해리의 목소리는 부드러우면서도 쌀쌀맞았다.

"지금 바쁜데 무슨 일인가?"

온순한 성품의 웨슬리는 해리가 자신의 인사를 달가워하지 않는 걸 보고 당황했다. 곧바로 그가 자기를 성가신 인물로 분류한 것을 알아챘다. 사실 그는 심각한 요청을 하려고 찾아왔다. 그 전에 분위기를 환기시키려 했는데 해리는 그 마저 용납 않겠다는 눈치다. 어쩔 수 없이 용건을 꺼냈다.

"영선부의 요구 사항이 있어서 왔습니다."

"허, 또 시작이군."

웨슬리는 그 말에 기분이 상했으나 아무 말도 하지 않았다. 해리가 성가시다는 말투로 말했다.

"내 무슨 말인지 맞혀볼까? 정원 한도를 넘어섰으니 수리공을 더 쓰겠다, 그 말이지?"

"예, 그렇습니다."

웨슬리는 지금 해리가 망나니처럼 도끼를 공중에 휘두르고 싶은 심정임을 느낄 수 있었다. 하지만 그로서는 이 면담을 몇 주 동안 준비해왔기 때문에 물러날 수가 없었다.

"영선부에 두 사람을 더 채용해주셨으면 합니다."

해리는 상대방의 심정을 이해한다는 눈빛으로, 그러나 단호하게 말했다.

"이봐, 웨슬리. 지금 원가절감 외에는 방도가 없는 상황일세. 자네도 잘 알고 있잖아. 그런 판에 인력 채용이라니, 어린애처럼 왜 이러는가."

해리는 아버지가 이 순간을 지켜보았더라면 아들을 자랑스럽게 여겼으리라 확신했다.

"웨슬리, 자네를 가만 보면, 아니 정말 집중해서 보면 말이야, 리더십에 문제가 좀 있어."

웨슬리는 다음에 또 무슨 말이 나올 것인지 잘 알았다. 그리고 그저 사장의 말을 듣기만 하면 되는지도 알고 있었다.

"자네가 우리 회사에 있는 건 큰 자랑거릴세. 영선부 책임자로서 단연 으뜸이지. 그러니 자네는 원가절감에도 크게 한몫할 수 있어. 난 그걸 알아."

웨슬리는 해리가 이런 식으로 자신을 설득해, 결국 인원 보강 없이 현재의 직원들만으로 무리해서라도 결과를 이끌어내려고 한다는 걸 잘 알았다.

"사람이 너무 좋은 게 탈이야, 웨슬리. 영선부의 미꾸라지 같은 녀석들한테 너무 잘해줘. 내가 모를 줄 알지? 녀석들 겉으로는 열심히 일하는 척 움직이지만, 실상 투덜대기만 하고 별로 하는 일도 없지. 그런 녀석들한테는 몽둥이가 약인데 말이야."

웨슬리는 자기도 모르게 얼굴이 찌푸려졌다. 이젠 기분만 잡친 게 아니라 화까지 났다. 그는 누구건 영선부 직원들을 비난하는 게 싫었다. 영선부에서 열심히 일하지 않는 사람은 없었다. 다만 지금의 인원수로는 감당하지 못할 만큼의 고장과 수리건수가 문제였다. 해리가 계속했다.

"자네가 조금이라도 능률을 생각한다면 말이야, 영선부가 더 큰 실적을 거둘 수 있어."

그리고는 웨슬리에게 다가오더니 그를 슬슬 떠밀면서 문쪽으로 몰고 가면서 전반전에 패한 축구 팀 코치 입에서 나올법한 그럴싸한 목소리로 말했다.

"웨슬리, 자넨 훌륭한 관리자야. 지금보다 더 어려운 상황에서도 자네는 회사를 살려낸 적이 있네. 난 알아, 자네는 다시 한번 해낼 수 있어. 그 멋진 솜씨를 계속 보고 싶네."

해리는 마지막으로 웨슬리를 완전히 문밖으로 내몬 뒤 덧붙였다.

"몇 주 내로 문제를 말끔히 해결하고 보고하게. 틀림없이 자네는 빠른 시일 안에 그 문제를 해결할 수 있을 거야."

문을 닫으면서 해리는 혼자 미소를 지었다.

'간단하군.'

문 바깥에서는 실의에 빠진 웨슬리가 화가 나서 투덜댔다.

"알겠습니다, 사장님. 제가 요즘 듣기로는 사장님께서 심경에 변화를 일으켰다고 하던데 그게 아니었군요. 여전하십니다."

웨슬리는 무척 실망한 나머지, 몸이 좋지 않다는 이유를 대고는 조퇴해버렸다.

점심시간에 해리는 구내식당에서 줄을 서 있다가, 공무부장 프레드 슈미트를 만났다. 해리는 샐러드 접시를 집어 들고 지나가는 말투로 물었다.

"프레드, 만사 잘 돌아가고 있는가?"

"그런 대로요. 아니, 사실은 장비 고장률이 높아서 걱정입니다."

"장비 고장률이라…."

해리가 멍한 목소리로 대꾸했다. 그의 눈은 어느새 의사가 먹어서는 안 된다고 당부한 석쇠구이 치즈 샌드위치를 향해 있었다.

"영선부에 심각한 문제가 있다고 봅니다."

"웨슬리가 오늘 아침에 날 만나러 왔더군."

"사장님, 이래 가지고는 이번 달치 할당량을 채울 수가 없습니다."

해리는 이 경고를 귀담아듣지 못했다. 배가 고파 온 신경이 점심식사에만 쏠려 있었다. 그가 샐러드 접시에 손을 뻗으면서 말했다.

"무슨 수를 써보도록 하지. 그런데 가족들은 어떻게 지내나?"

"물론, 잘 지냅니다."

프레드의 대답과 함께 두 사람은 각기 다른 자리로 이동했다. 음식을 담은 접시를 가지고 식탁에 앉았을 때, 방금 나눈 대화의 의미가 해리의 머리를 스쳐갔다.

'이런, 웨슬리가 나한테 할 이야기가 더 있던 것 같았는데 그냥 보내버렸군."

그때 여인의 목소리가 머릿속에서 들렸다.

"나도 그렇게 생각해요, 해리. 웨슬리는 침몰중인 정유공장을 구하려고 구명보트를 던졌는데, 당신이 그걸 붙들질 않았어요. 그의 말을

귀담아듣고 이해하려고도 안 했어요."

그러나 해리는 아무 문제도 없다는 투로 말했다.

"이번 일은 간단히 처리할 수 있습니다. 영선부 직원 두 명을 증원해주면 되겠죠?"

"저는 당신의 사업상 결정을 참견하려고 당신에게 와 있는 건 아니에요. 재량권 마감 시한을 각인시키려고 온 것뿐입니다. 제2원칙인 '저의 이야기를 듣고 이해해주십시오'를 지키지 않았어요, 해리. 영선부 직원을 더 채용하느냐 마느냐는 제 관심사가 아니에요. 내가 관심을 갖는 건, 웨슬리 씨의 말을 듣지도 이해하지도 않음으로써 훼손된 당신과 그와의 관계입니다."

해리가 자신감에 찬 목소리로 말했다.

"서두를 필요 없잖습니까? 이제 겨우 12시인데. 웨슬리와의 대화를 다시 연출할 수 있는 시간이 충분히 남았습니다. 식사를 마치는 대로 만나보지요."

"그럴 필요 없어요, 해리. 웨슬리 씨는 오늘 아침 당신과 이야기를 나누고는 너무 실망한 나머지 조퇴를 해버렸어요. 그런 참담한 기분으로는 누구한테도 환영받지 못할 거라고 생각한 거죠."

여인 때문에 식사를 제대로 못한 게 못마땅한 해리였다. 그러나 티는 내지 않았다.

"그럼 내일 아침 출근하자마자 웨슬리를 부르겠습니다."

"내일 스케줄을 몰라서 그래요? 눈뜨자마자 시내 반대편 본사 건물에서 있을 중요한 미팅에 참석해야 하잖아요."

"아, 그렇지."

"게다가 당신의 재량권 시한이 내일 아침 8시 35분에 끝나요."

"그럼, 이따가 웨슬리 집으로 찾아가겠습니다."

해리의 결심에 만족한 듯 여인이 말했다.

"식사 계속하세요. 이제 귀찮게 안 할 테니까요."

해리는 필드스톤 517번지 앞 웨슬리 워싱턴의 집 앞에 크라이슬러를 세우고, 현관으로 걸어가 벨을 눌렀다. 부하직원의 집을 직접 찾아가 사과를 하고, 이야기를 듣고, 사태를 바로 잡는 이런 행동은 예전 같으면 상상도 못할 일이었다.

웨슬리는 마흔두 살이다. 비슷한 연령층의 가정들이 많이 모여 사는 중산층 주택가에서 아내와 두 명의 자녀와 함께 살고 있었다. 평소 낮 시간대에 찾아오는 손님은 거의 없었다. 웨슬리의 부인이 현관문을 열다가 해리를 보고 깜짝 놀랐다.

"아, 사장님! 들어오세요."

"로레인, 안녕하시죠? 갑자기 들이닥쳐 미안해요."

현관문에서 인사말이 오가는 소리를 듣고 덩달아 놀란 웨슬리가 해리 쪽으로 급히 걸어 나왔다.

"아니, 사장님. 저희 집까지 무슨 일입니까?"

"자네한테 할 이야기가 있어서."

"예, 얼른 이쪽으로 오십시오."

웨슬리가 앞장서서 자신의 서재로 들어갔다.

"몸이 좀 안 좋아 조퇴했습니다. 그런데 하실 말씀이?"

해리로서는 웨슬리의 집까지 오는 것만 해도 아주 힘든 일이었다. 원정경기는 체질에 맞지 않았다. 자기 텃밭에서 하는 홈경기가 좋았다. 하지만 어차피 왔으니 이젠 뛰어들 수밖에.

"나도 아네, 웨슬리. 나 때문에 마음이 무척 상했을 거야."

해리가 할 수 있는 사과는 이것이 고작이었다. 그러나 웨슬리는 이 정도의 명목적인 사과만으로도 무척 고마웠다. 해리가 말을 이었다.

"아침에 자네가 영선부의 추가 인력을 요청하러 날 찾아왔을 때, 난 이야기도 채 들어보지 않고 자네를 내몰았지."

웨슬리는 자기 앞에 서 있는 이 사람이 스크루지 영감처럼 사과라고는 모르고 살아온 바로 그 해리 하트웰 사장이 맞는가 싶어 어안이 벙벙해졌다.

"그런데 말이야. 이런 시간에 집까지 찾아와서 미안하지만, 영선부의 사정이 어떤지 자네 말을 꼭 들어야겠네."

하지만 웨슬리는 아직도 미덥지가 않았다. 재량권 시한을 넘기면 이 세상을 등져야 하는 절박한 심정의 해리와는 달리, 그의 귀에는 해리의 재량권 시계가 째깍거리는 소리가 들릴 리 없었다. 그는 천천히 말문을 열었다.

"사실 전 사장님을 만나 뵙고 말씀을 드리려고 오랫동안 준비를 해왔습니다. 영선부의 문제가 어제오늘의 일이 아니거든요."

"경비 지출에 내가 너무 고집불통이라는 평판이지?"

해리는 웨슬리가 방금 한 말을 자기 나름의 어휘로 재구성하고 있었다.

"사장님 앞에 서면 겁부터 나는 것도 사실이에요."

해리가 진심으로 자신의 목소리에 귀를 기울이고 있다는 걸 감지한 웨슬리는 용기를 내어 말을 계속했다.

"기계 고장 건수가 점점 잦아지는 게 마음에 걸립니다. 지금까지는 저희 기술자들이 응급조치로 고쳐서 쓰고 있는데, 문제는 그러다 보니 기계 수리하는 데 너무 많은 시간을 허비한단 말이죠. 시간외 근무도 계속해서 시키게 되고 말입니다. 기계 고장 문제는 이제 손을 쓸 수가 없을 지경이 됐습니다. 직원들이 이 기계 저 기계로 정신없이 뛰어다니지만, 그야말로 응급조치밖에 되지 않아요. 뼈가 문젠데 그 위의 피부에다 반창고만 붙인다고 해결이 되겠습니까. 터빈, 컴프래서, 그밖에 회전식 기계들은 대부분 완전 분해 수리를 해야 하는데, 일손이 달리니 손을 써볼 도리가 없습니다."

해리가 격려조로 말했다.

"그러니까 자네 말은, 지금 상당수의 기계가 완전 재점검을 필요로 하고 그게 큰 약점인 마당에, 자네 직원들이 할 수 있는 건 고작 기름이나 쓱 발라주고는 다음에 또 보자고 약속하는 거다, 그거지? 다시 말해 당장 무슨 조치를 취하지 않으면 정유시설 전체가 몽땅 주저앉게 생겼다, 이 말인가?"

웨슬리가 힘차게 고개를 끄덕이며 말했다.

"바로 그겁니다, 사장님. 저라고 회사 사정을 왜 모르겠습니까. 원가절감 부분은 저도 공감하고요. 하지만 반드시 필요한 부분은 지원을 해주시는 게 회사의 이익을 위해서 옳다고 생각합니다. 두 명만 충원하면 기계 가동 중단율도 낮아지고 시간와 비용도 줄어들 거라고 확신합니다."

"즉, 정유공장을 계속 돌리자면 인건비를 올릴 수밖에 없다. 그런 말이 되는 건가?"

해리의 말에 웨슬리가 고개를 가로저으며 대답했다.

"아, 그건 아닙니다. 인건비는 능률 향상으로 상쇄되고도 남죠. 왜냐하면 전면 수리를 본 장비는 몇 주 동안 계속해서 가동 상태를 유지하니까요."

"그래, 그럼 내가 똑바로 이해를 했는지 한번 보자고."

방금 들은 이야기를 곰곰이 새기면서 해리가 말했다.

"추가로 채용할 두 명에 대한 지출로 총경비면에서는 모양새가 더 좋아지게 된다, 이런 생각인가?"

웨슬리가 미소를 띠며 대답했다.

"그렇습니다!"

"그렇다면 오늘 아침에 날 찾아왔을 때, 왜 처음부터 그 이야기를 하지 않았나?"

"그러려고 했죠, 사장님. 하지만 사장님께서 들어보려고도 안 하셨잖아요. 곧장 절 문밖으로 내모셨지요."

"허허, 내가 그랬군. 이제 알겠어."

해리가 자기보다 키가 큰 웨슬리의 어깨에 손을 얹으며 말했다.

"오늘 아침에는 원가절감 문제에 정신이 빠져서 자네에게 이야기할 기회를 주지 못했네."

"제 생각을 공무부에 확인해봤는데, 저를 100퍼센트 지지한다고 했습니다."

"그래, 점심 때 프레드를 만났어."

"전 우리 회사가 최고가 될 수 있다고 믿습니다."

그는 해리에게 엄지손가락을 추켜올려 보였다. 해리가 자리에서 일어나면서 말했다.

"내일 아침 출근하게 되면, 만사 제쳐놓고 필요한 인원을 구하게. 난 아침에 본사에서 미팅이 있어. 거기서 자네가 한 말, 우리가 최고가 될 거라는 말을 들려주겠네."

집으로 돌아가는 자동차 안에서 해리는 큰 소리로 여인에게 웨슬리와의 대화 내용을 이야기했다. 여인의 목소리가 들려왔다.

"해리, 오늘 제2원칙 '저의 이야기를 듣고 이해해주십시오' 과목에서 A플러스를 받았다고 봐요."

모습은 볼 수 없었지만, 해리의 일처리 솜씨가 대견하다면서 미소를 머금고 있을 게 틀림없었다.

"전 가끔 고집불통이 됩니다. 하지만 결국 제대로 배워야 할 건 배우고야 말죠. 오늘밤에는 듣기 확인 과정이 정말 필요하다는 걸 깨달았습니다."

"당신이 상대방 이야기를 듣고 그 내용을 재확인하니까 당신이 귀담아듣고 있다는 것이 입증되었고 웨슬리 씨는 그걸 고맙게 여겼죠."

"그리고 내가 빠뜨린 요점을 그 친구가 바로잡아줬는데, 그건 듣기 확인 과정으로 그럴 여유를 주었기 때문이죠."

그러자 여인이 말했다.

"그가 말한 내용을 나름대로 다시 정리해서 들려주니까 모든 오해가 그 자리에서 해명이 되었죠. 엉뚱한 이야기를 놓고 오랜 시간을 허비하거나 엉뚱한 방향으로 이야기를 몰고 갈 필요도 없어지고요."

해리가 빨간 신호에서 차를 세우며 덧붙였다.

"사업하는 사람들이 의사소통 기법을 너무 안이하게 생각하고 있으니 우습죠. 듣기 문제와 의사소통 문제를 다루는 훈련 과정이 많이 있다는 건 알면서도, 그 유익함은 전혀 모르고 있었어요. '마음 하나, 입 하나는 누구나 태어나면서 가지고 있는데 무엇하러 의사소통 기술이 필요한가' 하는 게 그동안 나의 생각이었습니다."

"듣기 기술은 가르칠 수도, 배울 수도, 또 개발할 수도 있다는 사실을 이제 깨달은 거예요."

"내 듣기 기술 수준이 별로라는 걸 시인하자니 힘들더군요. 왜냐하면 저는 상대의 의중을 예리하게 꿰뚫는 데 자부심을 느껴왔거든요. 제가 듣기 기술에 전혀 훈련이 되어 있지 않았을 뿐 아니라, 심지어 상대방이 요지를 살려 이야기할 기회마저 주지 않았다는 걸 알고 얼마나 당황했는지. 지금 알고 보니 웨슬리 같은 친구들의 말을 전혀 귀담아듣지 않았습니다."

"사실은 당신이 지금까지 유일하게 귀를 기울여 온 사람은 오직 한 사람, 당신 자신뿐이었어요. 반대 의견과 맞설 일은 전혀 없었던 거

죠. 당신 경우에는 반대 의견이란 게 존재하지 않았으니까요."

"원만한 조직 운영을 하려면 듣기 기법이 하나의 중요한 도구가 되겠습니다."

그러자 여인이 덧붙였다.

"또한 듣기 확인 절차는 의사소통의 성공 여부에 열쇠가 되죠. 웨슬리 씨의 경우에서처럼, 의사소통을 제대로 하느냐 않느냐에 결정적인 중요성이 있을 때는 듣기 확인의 비중이 특히 더 커지는 거죠."

여기서 해리는 생각을 한 단계 더 높여봤다.

"옳습니다. 상대방의 말을 요약 정리하는 듣기 확인 과정은, 상대방의 얼굴이나 반응을 직접 볼 수 없는 전화통화의 경우에 특히 진가를 발휘하리라 믿습니다."

"오, 통찰력이 대단하시군요."

해리는 깜박이를 켜고 자기 집 마당으로 천천히 차를 밀어 넣었다. 여인이 말했다.

"앞으로 체험하게 될 '따뜻한 마음으로 저에게 진실을 말씀해주십시오' 라는 제3원칙의 기본 요점을 벌써 터득하셨군요. 저하고 직업을 바꿔도 되겠어요. 당신이 재량권 후보를 고객으로 삼는 제 직업을 대신하는 거죠. 듣기 문제와 의사소통 문제로 고민하는 사람을 담당하면 좋겠는 걸요?"

"하하, 미안하지만 그건 못하겠습니다."

해리가 웃으며 말했다. 재량권 천사가 된 해리의 모습을 그려보며 둘은 함께 웃었다. 그러나 해리는 천사로 활약해보고 싶은 생각은 없었다. 혹여 이승에서 천수를 다하고 올라간 뒤면 모를까.

"내 목숨 하나 구하려고 이런 기초 교육을 받는 것만으로도 벅찹니다."

해리의 말을 여인이 수정했다.

"그 말씀 이렇게 이해하면 되겠군요. '네 인생에서 실종된 마음을 도로 찾아주는 일이 지금 나를 도와주고 있는 당신의 목적이다', 맞지요?"

해리가 고개를 끄덕였다.

"그런데 말입니다. 아직 한 번도 물어보지 않았는데, 정말 죽도록 알고 싶은 게 있습니다. 아, 표현을 바꿀 게요. 지금까지 무척 궁금한 게 있었습니다."

"뭔데요, 해리?"

"이름말입니다, 당신 이름. 이름이 없진 않겠지요? 내가 어떻게 불러야 할지."

"때로는 셀레나라는 이름으로 통하죠."

"그런 이름을 가진 천사는 들어보지 못했는데."

"여기 있잖아요."

"알겠습니다, 셀레나. 이제 그렇게 부를게요. 그리고 이 또한 처음

드리는 말씀인데, 당신 이야기, 내 재량권 약속은 몰리한테도 말한 적 없습니다. 솔직히 당신 이야기를 어떤 식으로 해줘야 할지 모르겠어요. 무슨 말을 어떻게 해야 하죠? 당신 이야기를 어떻게 설명합니까? 날 미친 사람 취급하지 않을까요?"

그녀는 잠깐 생각하다가 대답했다.

"좋은 방법 하나 알려드릴 게요, 해리. 어떤 방법으로 제 이야기를 하시든 재미있게 하세요."

"나는 사실 지금까지는 내 목숨을 건지려고 다섯 가지 원칙을 배우려고 했는데, 이젠 그 원칙 자체가 마음에 들어서 배우고 싶은 단계까지 왔습니다."

"해리, 그런 긍정적인 자세에 감사해요. 언제쯤 그런 말을 듣게 될까 궁금했어요."

해리는 웃음을 띠며 집 안으로 걸어 들어갔다.

## 따뜻한 마음으로 저에게 진실을 말씀해주십시오

해리는 라모코 정유회사 사장으로서의 자기 위치를 즐기면서도, 미국 전체를 관장하는 그룹 부사장 진급을 꿈꿔왔다. 라모코 그룹을 미국 전역에 걸쳐 경영해보고 싶었던 것이다. 그래야 진정한 권력을 맛볼 수 있을 테니까.

최근 들어 이 환상적인 꿈이 되살아났다. 자리를 비운 시간이라야 고작 긴 휴가를 떠났다 돌아온 정도에 불과하다고 스스로 위안했다. 라모코에 12년 동안 몸담고 있는 총괄이사 조엘 실버맨은 오늘 점심을 함께하는 자리에서 해리에게 "심장마비 사건이 부정적 요인은 되겠지만, 바라고 있는 직위에 도전하는 데 치명적이지는 않을 것"이라고 안심시켜주었다.

조엘의 격려는 무척 반가운 일이었다. '실제로 난 그렇게 해낼 수 있을 거야' 라고 해리는 생각했다. 게다가 해리는 최근 꾸준히 몸무게가 줄고 있었다. 사무실 벽에 걸린 건강 진도표를 보면 첫눈에 알 수 있었다.

주치의인 스튜어트 박사도 아내인 몰리도 그를 대견하게 여겼고, 건강 진도표 체크를 해주고 있는 비서 앤 레이니도 사장의 건강 회복에 보람을 느끼는지 열심히 표에 금별 스티커를 붙였다. 해리도 다시 초등학생이 된 기분으로 금별을 보면서 즐거워했다.

조엘 실버맨과의 점심식사를 마치고 돌아온 해리의 책상 위에 공문이 한 장 놓여 있었다. 그런데 그 내용이 그의 기분을 완전히 뒤집어 놓았다. 그는 씨근거리며 벌떡 일어나 사무실을 박차고 나왔다.

"칼 해리스 녀석, 이 따위 짓이나 하고 있다니!"

그의 가슴속이 부글부글 끓어올랐다. 주위에는 비서인 앤 레이니밖에 없었다.

"점심시간 때 사장님 책상 위에 경영진 협조공문을 한 장 올려놓았는데, 그 일 때문에 그러시는 거죠?"

앤이 모니터에서 눈을 떼며 조심스럽게 말했다. 해리는 들고 있던 공문에 쓰인 글자들을 털어내기라도 하려는 듯 뒤흔들면서 앤의 책상 쪽으로 껑충거리며 다가갔다.

"라모코 직원 모두에게 필요한 방향으로 복지혜택을 변화시키자는 제안이 있었는데, 내가 그걸 지지하니까 본사의 칼 해리스가 보류해 버렸어."

"생명보험, 연금, 의료혜택, 육아시설 이용, 휴가 등에 지급되는 보조금 혜택을 직원 각자가 선택적으로 액수를 정하도록 하자는 제안 말씀이죠?"

해리가 고개를 끄덕이며 말했다.

"인력개발부 닐 커티스가 지난번 본사 회의에서 제안한 사항인데, 우리 직원들한테 각종 선택권을 많이 준다고 생각해서 내가 지지한 거란 말이야. 이 제도를 도입하면 직원들한테 상당한 도움이 될 텐데도 융통성이라곤 코털만큼도 없는 칼이 깔아뭉갰으니!"

그러자 앤이 말했다.

"제 생각에도 좋은 시스템인 것 같은데 왜 반대했을까요?"

"물어보나 마나지. 융통성이라곤 날짜 지난 우표딱지 정도 밖에 안 되는 친구니까. 회장님께서 자기를 가까이 하고 있으니 새로운 전략 아이디어가 자기 손에 들어와도 짓뭉갤 수가 있지. 더군다나 자기가 내놓은 제안이 아니면 대개 그런 식으로 처리해버리는 작자야. 그 친구 정말 시대에 뒤떨어진 골동품이군. 한 번 써먹은 영화표처럼 무의미한 기념품밖에 못 돼."

"사장님, 회사 내부에서 떠도는 소문으로는 칼 해리스 이사님이 내년에 그룹 본사에 생기는, 그러니까 사장님이 원하시는 바로 그 자리에 눈독을 들이고 있대요."

앤의 이 말은 해리의 폐부를 더 아프게 했다. 그러나 해리로서는 이 경쟁자와의 일생을 건 싸움을 포기할 생각은 없었다. 게임을 끝내기에는 아직 일렀다. 이번엔 자기 쪽에서 따끔한 압력을 가해야 했다. 그는 앤의 얼굴 가까이에 바짝 머리를 들이밀었다. 앤이 불안한 듯 몸을 뒤척이며 힘없이 말했다. 해리가 기분이 좋지 않을 때는 가까이에 있는 게 불편했다.

"누구라도 사장님께 대들다간 큰코 다칠 거예요."

해리가 자리로 발길을 돌리면서 말했다.

"그 녀석, 나한테 끝장나면 야구장에 가서 팝콘이나 파는 수밖에 없을 걸."

앤이 눈치 빠르게 입을 다물었다. 그녀의 머릿속에서는 해리가 칼에게 분노를 내뿜어 한바탕 혼쭐내는 장면이 떠올랐다.

조엘이 해리에게 석유 채굴권과 관련해서 전화를 했다. 해리와 칼 사이의 경쟁의식을 잘 아는 그가 먼저 입을 열었다.

"라모코 그룹 본사 회의석상에서 흔히 보던 장면 같군."

그러자 해리가 대꾸했다.

"자기가 재정 문제엔 도사인 냥 떠들지만, 만날 본사에만 앉아 있으니 석유 사업은 쥐뿔도 모르는 친구야."

조엘이 촌평을 가했다.

"다음번 이사회는 화끈한 한판이 되겠는데, 그래."

"석유업계의 막후 거래나, 정유 기술, 현지 시추 작업 문제가 나오면 그 친구는 애송이에 불과해."

"자네도 얼굴에다 찬물 한번 끼얹어보지, 그래."

그의 농담도 해리의 귀엔 들어오지 않았다.

"그 친구 머릿속에선 석유가 펑펑 솟아나는 보물이 아니라 꾸역꾸역 새어나오는 물질일 뿐일 거야. 그뿐만 아니지, 딱딱하고 융통성 없는 나쁜 속성을 죄다 가지고 있어."

"진정하게, 해리. 자네가 왜 이러는지 잘 알아. 칼이 자네 아이디어를 깔고 앉은 거야. 그런 일은 참기 어렵지, 누구라도."

"내 아이디어가 아니라고, 닐이 내놓은 거야. 칼은 제 엉덩이를 들쑤시는 새로운 아이디어가 나오는 걸 좋아하지 않거든. 녀석이 얼마나 깔아뭉개길 좋아하느냐 하면, 녀석을 의자에서 끌어내면 바지가 홀랑 벗겨진다니까!"

조엘이 부드럽게 말했다.

"이보게, 해리. 화가 나면 나 같이 무던한 사람한테 푸는 게 좋은 건 사실이야. 그래서 자네가 방금 나한테 쏟아 부은 걸 다행으로 여기네. 하지만 항상 한눈팔지 말고 앞만 보고 걷게."

"그 녀석은 통행 저지선이나 우회 도로 만드는 게 일이야."

조엘이 달래는 투로 말했다.

"칼에게 화풀이하는 데 기운을 다 써버리면 되겠나. 그럴 만한 값어치도 없는 일인 걸."

전화를 끊고 난 뒤, 해리는 사무실 안을 서성대기 시작했다. 그가 상상력을 동원해 해리스에게 반격을 가할 방도를 강구하는 사이에 셀레나의 목소리가 들려왔다.

"칼 해리스 씨에게 정말로 화가 단단히 난 것 같군요."

해리가 격렬한 말투로 동의했다.

"화가 나지 안 나겠습니까? 날 같은 사람이 라모코를 위해 몇 달 동안 땀을 흘려야 이런 혁신적인 구상이 나오는데, 그 친구는 그냥 너무도 쉽게 밟아버린단 말입니다. 다른 사람의 좋은 의견이 녀석의 눈에는 담배꽁초로 보이는 거죠."

셀레나가 재치 있게 말을 꺼냈다.

"그렇다면 이제 제3원칙을 다룰 시간이 된 것 같아요, 해리. 제3원칙 기억나세요?"

"그 친구 생각이 마음에 끈끈하게 남아 있으면, 그런 자상한 생각은 멀리 달아나죠."

"그렇기 때문에 지금이 좋은 타이밍이죠. 왜냐하면 조엘과 통화하면서 너무 심한 말을 했기 때문에 그 직후부터 재량권 시계가 움직이기 시작했거든요."

해리는 눈길을 아래로 주면서 물었다. 필요할 때마다 쉽게 열람할 수 있도록 다섯 가지 원칙을 종이에 적어 갖고 다녔던 것이다.

"제3원칙은 '따뜻한 마음으로 저에게 진실을 말씀해주십시오' 입니다."

"난 그 원칙 어긴 거 없습니다만… 내가 거짓을 말한 적 있습니까?"

"이 원칙은 건설적인 정면 대결에 관한 거예요."

"건설적인 정면 대결이라니까, 마치 마음으로 하는 경영의 원칙이 아니라 축구팀의 새로운 공격 작전처럼 들리는데요?"

셀레나가 설명했다.

"살다 보면 남과 터놓고 대결해야 할 경우가 있어요, 해리. 칼 해리스 씨와 대결해야 하는 게 바로 그 경우죠. 이 원칙에 의하면 대결을 일부러 피할 필요는 없지만 그걸 단호하게, 그리고 남을 배려하면서 하라고 되어 있어요."

해리로서는 칼에게 배려를 하느니 차라리 죽은 쥐새끼를 집어삼키는 게 나을 것 같았다. 하지만 곧바로 그의 귀에는 재량권 시계가 째깍거리는 소리가 들렸다.

"칼 해리스 씨의 공문건에 대한 당신의 반응을 그 사람한테 사전에 알려줄 계획이 있나요?"

"아뇨, 그래봐야 아무 소용이 없습니다. 그 사람 마음을 고치도록 애를 쓰느니 슈퍼맨하고 팔씨름을 하는 게 낫습니다."

"해리, 제가 생각하기에 조그마한 문제점이 하나 있네요."

해리가 또 무슨 일인가 싶어 물었다.

"뭡니까?"

"그에게 메모에 대한 반응을 솔직히 이야기해줄 의사가 없다는 그것이 문제예요."

그러자 해리가 격렬하게 말했다.

"이해가 안 갑니다. 그래 봐야 무슨 소용이 있겠습니까? 전적으로 무의미한 일인데. 아무래도 이번 상황에는 그 제3원칙이 적용되지 않는 것 같습니다."

"원칙은 말 그대로 원칙입니다. 사람의 머리로 판단하는 문제가 아니라는 의미입니다. 이 원칙은 보편적으로 적용되는 것이고, 그래서 이번 상황에서도 확실히 적용됩니다."

"솔직히 이야기해도 되겠습니까? 전 지금 이해를 못하고 있어요."

"당신이 칼 해리스 씨의 공문을 보고 난 뒤의 반응 때문에 재량권 시계 바늘이 움직이기 시작했습니다."

울상이 된 해리가 애원했다.

"아니, 이봐요 셀레나! 뭘 알아야 지키지요. 제가 다른 원칙은 상당히 잘했잖습니까."

셀레나가 말했다.

"해리, 이건 메뉴에서 음식 고르듯이 어떤 원칙은 마음에 드니까 지키고 어떤 건 아니고, 그렇게 마음대로 선택할 수 있는 문제가 아니에요."

"우리 둘이 합의한 것처럼 마음으로 하는 경영의 다섯 가지 원칙은 모두가 언제라도 적용되는 거예요. 예외는 없어요. 칼 해리스 씨의 경우도 예외는 아니에요."

"글쎄, 그 사람 경우는 소용이 없을 거라니까요."

"당신이 칼 해리스 씨와 대결해서 그의 태도에 어떤 영향을 줄지는 그 사람이 알아서 할 일이에요. 당신의 책임은 그의 공문에 대한 당신의 생각을 동정심을 갖고 솔직하게 말해주는 겁니다."

그녀의 말은 고통스러울 만큼 분명했다.

"어떤 때는 말입니다. 당신하고 한 계약이 뭔가 잘못됐다는 생각도 듭니다."

칼에게 솔직히 털어놓는 게 무슨 건설적인 목적에 이바지하는 건지, 해리는 아무리 생각해도 알 수 없었다.

"언제든지 계약을 취소하고 싶다는 결심이 서시면 말씀해주세요. 선택권은 당신에게 있으니까요."

잠시 동안 대안을 궁리해본 해리가 말했다.

"알겠습니다, 제가 전화를 하죠."

"좋아요."

"그럼, 어떻게 하면 되죠? 작전 계획이 있습니까?"

"우선 당신이 대결의 필요성을 느끼는 상대를 놓고 제3자에게 이러쿵저러쿵 하지 말고 본인과 직접 이야기하는 거예요. 칼 해리스 씨의 공문에 관해 다른 사람들한테는 말을 많이 했지만, 정작 그에게는 한 마디도 안 했잖아요."

"아, 이제야 알 것 같습니다. 그러니까 남의 등 뒤에서 그를 씹는 걸 이 원칙은 용납하지 않는다는 겁니까?"

"네, 바로 그거예요."

해리는 어느 선까지가 자유롭게 행동해도 원칙에 사실상 위배되지 않는 것인지 확인하고 싶었는데, 이제야 그것을 알았다.

"다음 순서는 공손한 자세로 칼 해리스 씨에게 다가가는 겁니다. 비단 그가 잘못을 저질렀고, 심지어 남에게 해를 끼쳤다 하더라도, 그의 체면을 지켜주는 범위 내에서 대결해야 합니다."

"칼과 직접 대화를 나눌 뿐만 아니라, 그것도 공손하게 그 사람 체면을 생각해가면서 하라는 거군요. 그는 시종일관 나에게 독화살을 겨누고 있는데도 말입니다."

자신을 잘 안다는 셀레나가 칼에게 그런 식으로 대하는 걸 요구한다는 것이 해리는 믿어지지 않았다. 서운함을 넘어 화가 났다. 셀레나는 참을성 있게 기다렸다. 해리는 가급적 칼과의 대결을 피하면서도 셀레나와의 약속을 저버리지 않는 방법을 생각해내려고 애썼다. 마침내 그가 말했다.

"남을 공손하게 대한다는 건 이론상으로는 매우 좋은 생각입니다. 하지만 실제로는 제1원칙과 2원칙을 되풀이하는 것 같은데요. 제 말은 남의 인격을 무시하지 않는 것이나 그들이 무슨 말을 하는지 이해하는 것이라든지 따뜻한 마음으로 진실을 말하는 것이나 다 거기서 거기가 아니냐는 겁니다."

셀레나가 동의를 표했다.

"네, 그래요. 다섯 가지 원칙은 결국 하나로 통해요. 하지만 해리, 지금은 원칙들의 공통점을 찾아낼 단계는 아니에요."

"칼에게 따뜻한 마음으로 진실을 말해야 하겠군요?"

"네, 피해갈 길은 없어요."

해리는 졌구나 싶으면 그걸 솔직히 받아들이는 사람이다.

"좋습니다. 일단 해놓고 봅시다."

그는 수화기를 들고, 전화기의 번호를 사정없이 눌렀다. 화를 풀기 위해 번호 단추를 콱콱 누르면 안 된다는 건 원칙에 없으니까.

"전 해리 하트웰입니다. 칼 해리스 이사님 부탁드리겠습니다. 어, 칼인가? 나 해리일세. 그래, 별일은 없어. 이봐, 그런데 말이야. 사실 내가 전화한 용건은 자네가 보내온 공문 때문인데…."

"그래, 짐작은 했다네, 해리. 내가 그걸 연기시킨 데 대해 실망한 사람들이 많지. 하지만 그 제안이 재정적인 부분에서는 아직 충분히 검증이 되지 않았어. 장기적으로 그룹의 재정에 어떤 영향을 미칠지 좀 더 고려해야 한다고 판단했네. 잘 알지도 못하면서 불쑥 뛰어들 순 없거든."

"이보게 칼, '뛰어든다'는 표현은 좀 심하네."

해리는 그 단어를 강조하면서도 자기 목소리에서 성난 분위기를 지우려고 노력했다. 그가 말을 이었다.

"칼, 사실은 말이야, 닐은 그 시스템을 몇 달을 두고 연구한 끝에 제안한 거야."

그러나 칼은 건성으로 대답했다.

"그랬겠지."

해리가 말을 계속했다.

"아무튼 말일세, 내가 하고 싶은 말은, 자네가 좋은 기회를 내다버렸다는 거야. 라모코로서는 직원에게 점수를 딸 수 있는 기회였는데 자네 결정 때문에 그게 날아간 걸세."

"하여간 자네 의견을 알려줘서 고맙네, 해리."

칼이 정말 자기 이야기를 듣고 있는 건지, 점잖게 무시하기 위해서 의례적인 태도로 나오는 건지는 알 수가 없었다. 칼이 계속 말했다.

"기회를 날려버렸다고 생각하진 않아, 해리. 그 건은 기각된 게 아니라 연기된 걸세. 내년 중에 그걸 차근히 검토하는 과정에 자네도 참여할 기회가 있을 거야. 그래서 우리가 그 구상을 시행할 단계에 가서는 직원들과 회사 전체에 최선의 제도가 될 걸세."

칼로부터 감정이 배제된 이성적 목소리가 귓속에 쏟아져 들어오자 해리는 전화기를 힘껏 틀어쥐면서 이를 악물었다. 통화를 끝내고 싶다는 생각뿐이었다.

"내 의견을 알리고 싶어서 전화했어."

"그래, 고맙네, 해리."

"그럼 이만 들어가게."

해리가 수화기를 내려놓았다. 그리고 큰일을 한건 해낸 홀가분한 기분으로 셀레나에게 말했다.

"이제 됐습니까? 이 정도면 충분히 진실을 말했죠?"

"제3원칙에 대해서 당신은 최소한의 접근방식을 택했군요. 이번 칼 해리스 씨와의 대결에서 과락은 면했어요, 해리. 가까스로요."

"이해해주세요. 그 친구와 통화를 빨리 끝내고 싶었습니다."

"왜요?"

해리가 설명했다.

"이 일에 걸린 이해관계를 잘 모르셔서 그렇습니다. 칼 해리스는 라모코 그룹의 본사 대표이사가 내년에 퇴임하면 그 자리를 차지하

려고 노리고 있거든요."

"네, 그런데 그게 무슨 문제가 되죠?"

"아, 그게 무슨 문제가 되느냐 하면 이 몸도 그 자리가 탐난다, 이겁니다. 그러니까 녀석한테 밀리긴 싫다, 이거죠. 칼은 멍청한데도 내 앞길을 가로막고 있어요."

"해리, 그럼 당신이 보시기에 왜 그럴까요? 뭔가 그에게 긍정적인 특성이 있기 때문이 아닐까요?"

"말해 뭣합니까! 그 친구 영리하다고요. 더할 나위 없이 영리하지요. 나무랄 데 없는 여우, 일급 재무관이죠."

해리의 목소리가 귀엣말로 바뀌었다.

"하지만 석유업계 막후 공작에는 삼류에 불과합니다. 그 친구 정도면 오펙의 총잡이들한테 초반에 다리병신이 되고 말 걸요."

"당신한테는 마음으로 경영을 해야 하는 부담을 당신 승진에 방해가 되는 최대 경쟁자에게까지 적용한다는 게 불공평하다, 이 말씀인가요?"

해리가 과장된 몸짓으로 무릎을 치며 대답했다.

"정말 예리하십니다!"

그러자 셀레나가 말했다.

"인생은 가끔 불공평하기도 한 거랍니다, 해리."

며칠 뒤 해리는 호주머니 속 동전을 짤랑대며 초조하게 시계를 들여다보면서 사무실을 서성이고 있었다. 10분 후 웨슬리 워싱턴이 근무 평가를 위해 그를 찾아올 예정이었다.

"웨슬리 씨를 만날 마음의 준비가 되셨나요?"

셀레나의 목소리가 해리의 머릿속에서 물었다. 해리가 솔직히 대답했다.

"별로입니다. 내가 웨슬리를 못마땅하게 여기는 건, 그가 자신의 작업반원 중 실적이 저조한 녀석들까지 무임승차를 시킨다는 점입니다. 열심히 하는 직원한테는 좋은 리더죠. 하지만 농땡이를 치는 놈들한테도 터무니없이 관대합니다. 영선부 기술자 한 사람이 공장 안에서 폭탄을 터뜨리기 전에는 싫은 내색 한 번 하지 않을 사람이고요. 좋은 사람 콤플렉스가 있는 것 같습니다. 그저 좋은 사람이 되고 싶은 거죠. 문제가 더 커지기 전에 좀 가르쳐야겠어요."

"보기에 따라선 이번 기회에 웨슬리의 능력을 멋지게 평가해볼 요소가 다 갖춰진 것 같은데요?"

"직원 관리 문제를 솔직히 이야기해줘야 할지 사실 아직 결심이 안 섰습니다. 그가 어떤 반응을 보일지 모르니…."

"맞아요. 상대에게 자신의 진심을 말했을 때, 상대가 어떤 반응으로 나올지는 예측할 수 없죠. 하지만 마음으로 하는 경영에서 그런 예측은 당신의 몫이 아닙니다. 당신이 해야 할 일은, 우선 웨슬리 씨한테서 간파한 좋은 자질과 태도를 하나하나 짚어가면서 그것들을 모두 인정해주는 거예요. 그런 다음 그가 잘못한다고 생각되는 부분을 놓고 도움이 되게끔 진실을 말해주는 거죠."

"그래요. 그런데 잘못을 솔직히 짚어주게 되면 결국 그 사람의 인격을 나무라는 결과가 되지 않을까요?"

셀레나가 대답했다.

"그렇지는 않아요. 먼저 그의 좋은 점을 인정하세요. 일단 당신이 웨슬리의 진가를 인정해주면, 아마 그도 당신이 원하는 만큼 자기의 업무 수행 태도를 개선하고자 할 거예요."

"그럴 것도 같긴 합니다."

해리는 아직 약간 어리둥절하면서도 결국 시인했다. 그녀의 말이 계속됐다.

"그렇게 하지 않으면 웨슬리가 언제 어디서 스스로에 관한 당신의 심경을 들어볼 수 있겠어요? 여러 가지 골치 아픈 문제를 보는 당신의 관점을 언제 알게 될까요? 자신의 업무 능력을 향상시킬 기회를 어떻게 갖겠어요?"

해리가 어깨를 으쓱하며 말했다.

"그가 이런 기법들을 유전인자와 함께 타고났다고 기대하는 건 무리겠죠. 웨슬리하고 이야기가 잘될 것 같은 기분이 듭니다."

"잘 생각했어요. 웨슬리는 비교적 젊은 사람이고 작업반장 일과 함께 이번에 처음 관리직을 맡았어요. 당신이 뭔가 보여주고 가르쳐주지 않으면, 그가 언제 좋은 관리자가 될 기술을 배우겠어요?"

"맞습니다. 그런데 당신도 아시겠지만, 내가 이런 일에 적임자는 못될 걸요. 코칭 용어도 잘 모르고요."

"그 말이 맞을지도 모르겠군요. 하지만 지금은 당장 발등에 불이 붙어버렸으니 어떻게든 해내야겠죠?"

"어떤 식으로 풀면 되겠습니까?"

"끝에서부터 반대로 해보세요. 두 분이 원하는 결과를 먼저 생각하는 거죠. 다시 말해 근무 태만한 직원들의 태도를 개선하는 데 그에게 어떤 도움을 줄 것인가, 그런 결과를 얻기 위해서 웨슬리 씨가 할 일은 무엇이며, 당신이 도와줄 일은 무엇인지를 그와 함께 생각해보세요. 당신 스스로가 해결 방안의 한 부분이 될 수 있어요."

"그렇게 시작하는 게 좋을 것 같군요. 해보겠습니다."

"문제점만 따지시면 안 돼요. 반드시 처음엔 웨슬리 씨의 좋은 점을 인정하는 데서 출발하는 걸 잊지 마세요. 그것이 일차적으로 중요한 요소니까요."

"그런 이야기를 꼭 해야 할까요? 웨슬리가 괜찮은 사람이란 건 세

상이 다 아는 일인데."

그러자 셀레나가 힘주어 말했다.

"그래도 듣고 싶어 합니다. 웨슬리 씨한테 할 자상한 말을 미리 연습해두세요."

해리는 마른침을 꿀꺽 삼키면서 의자에서 몸을 꿈틀댔다. 이런 식으로 남의 장점을 인정해주는 일은 아버지한테서 들은 적이 없었다. 그의 아버지도 학창 시절 해리의 선생님처럼 항상 아들의 잘못을 나무라는 일에만 힘을 기울였다. 해리의 선생님은 시험지를 채점할 때 맞은 답은 그냥 두고 틀린 답에만 가위표를 표시했다. 집에서도 아버지는 아들이 바르게 한 일에는 아무런 관심도 두지 않았다. 해리 스스로가 칭찬을 받아본 적이 없으니 그의 직원들에게 어땠겠는가. 부족한 점, 실수 등 잘못된 부분에만 초점을 맞춰왔고 그것이 당연하다고 여겼던 해리였다. 해리가 고개를 끄덕였다.

"웨슬리는 뛰어난 직원이죠. 기계를 그처럼 잘 다루는 사람은 보지 못했습니다. 우리 공장의 설비시설은 최신식이라고 할 정도의 수준이 못됩니다. 아버지 때부터 사용하던 기계들이니. 그런 고대의 유물을 웨슬리는 기가 막히게 잘 운용해나가고 있지요. 그 자체가 기적입니다. 그뿐만 아니라 애사심이 상당하죠. 제 입장에서는 가장 소중한 직원입니다. 그가 없으면 회사가 어떻게 될지 몰라요."

셀레나가 해리를 격려했다.

"그런 식으로 이야기하면 되겠어요. 근무 평가는 그렇게 시작하는 게 가장 정확해요. 그 기조를 끝까지 지키세요. 그가 오고 있군요."

평소 독설가로 소문난 해리로서는 새삼 칭찬의 말을 한다는 게 영 힘들었지만, 약간의 망설임 끝에 말이 흘러나오기 시작했다. 면담 시작 3분이 지났을 무렵에는, 웨슬리도 해리가 자신을 무척 소중한 직원으로 보고 있음을 확신하게 되었다.

해리로서는 덕담을 늘어놓는 일 못지않게 다음 단계, 즉 진심을 말하는 게 더 어려웠다. 하지만 어찌됐든 시작하고 볼 일이었다.

"자네가 비록 우리 회사에서 가장 인정받는 직원이긴 하지만 그래도 한 가지 단점은 있네. 자네도 알고 있겠지만 이 자리에서 다시 한 번 이야기해야겠어. 우리 둘이 힘을 모아 그 문제를 고쳤으면 해서 말이야. 자네가 너무 호인이다 보니 일부 직원들이 자네를 이용하고 있어. 어떤 직원들이 저조한 근무 실적을 보여도, 자넨 거기에 대처하지를 않아. 적당히 때워 넘기는 사람들에게 자넨 만만한 상대로 인식되어 있네."

웨슬리가 고개를 끄덕이며 말했다.

“예, 저도 알고 있습니다, 사장님.”

“여태껏 자네한테 솔직하게 그 부분에 대해서 말한 적이 없었으니 나에게도 책임이 있지. 이제는 정말 바로잡아야 해.”

웨슬리가 미소를 머금으며 말했다.

“말씀 계속하십시오, 사장님. 전 아직 배울 게 많습니다. 가르쳐주세요.”

웨슬리의 기분이 괜찮은 듯 보이자 해리도 긴장을 풀고 의자에 등을 기댔다.

“자, 그럼 내 생각을 말할 테니 잘 들어보게.”

제3원칙을 두고 지금 해리는 칼 해리스에 이어 두 번째 수업을 받는 셈이었다. 그때보다는 왠지 재미가 났다.

“앞으로 근무 태만인 몇몇 직원들이 정신을 차리도록 자네가 확실히 주의를 줬으면 좋겠어. 그렇다고 융통성 없이 하라는 게 아니야. 심한 녀석들 있잖은가. 예를 들어 그 녀석, 매년 결석률 최고 기록을 세우는 녀석 있지?”

웨슬리가 고개를 끄덕했다.

“예, 누구를 말씀하시는지 압니다. 그 친구 골칫거리죠. 하지만 25년 동안 우리 회사에 몸담아온 직원이라….”

“웨슬리, 25년이나 함께 일하면 특별 취급을 받아야 한다고 믿나?”

“전 그렇게 생각했죠. 그 정도 배려는 해주어야 한다고요. 그 때문에 자리를 자주 비워도 따지질 않았습니다."

"아무튼 그 친구 무슨 일인지 알아볼 필요가 있어. 술 문제인지, 여자 문제인지, 약물 복용인지 뭔지 말일세. 내가 보기에 녀석은 직원이 아니라 놀러온 사람 같다고. 그리고 또 한 녀석 있지? 항상 20분 늦게 뛰어 들어오는 녀석 말이야. 정시 출근 개념이 없는 사람 같아."

웨슬리가 이번에도 고개를 끄덕였다.

"그런데 늦게 오긴 하지만, 사실 일은 그 친구가 가장 잘합니다."

"그렇다면 업무 능력이 뛰어나면 상습적으로 지각해도 괜찮다는 건가?"

"그건 아니지만, 그래도 일은 참 잘하는데 뭐라 하기가…."

"그래, 그건 그렇고, 한 녀석 더 있지? 뭐든지 손만 댔다 하면 부수는 녀석. 그 친구가 고치는 장비는 한 시간도 가지 않아 망가지니, 차라리 수리를 안 하는 게 낫지. 재교육을 시켜야 하는 게 아닐까?"

"수리 실력이 형편없는 건 아니라, 우리 기계하고 궁합이 잘 안 맞는 것 같습니다. 그 친구도 여기에서 근무한 지 20년이 넘어서…."

"고참급은 손을 안 대는 게 자네 정책인가?"

웨슬리가 조심스럽게 고개를 끄덕였다. 해리가 깊은 한숨을 내쉰 뒤 말을 이었다.

"난 자네의 업무 능력을 제일로 꼽고 있네. 내가 정말로 믿을 수 있는 사람이라고 말이야. 하지만 잘못된 사항에 대해 주의를 주지 않는

건 자네나 나, 나아가 회사 전체에 해가 될 수 있어. 잘못은 바로잡으라고 있는 거잖나. 내가 원하는 건 그 직원들이 과연 어떤 사정으로 그러는지 자네가 알아볼 것과 내가 어떻게 하면 자네를 도울 수 있는지 이 두 가지네."

"괜히 건들었다가 상황이 악화될까 두려웠습니다."

"자네처럼 사람 좋은 부류는 대체로 그런 생각을 하지. 나도 그 심정 이해해. 그런데 한번 생각해봐. 가만히 있으면 상황이 악화되지 않나? 자네 스스로 회사가 어려워지고 있다고 말했잖은가."

웨슬리는 마지못한 듯 동의하면서 말했다.

"사장님, 제 부하직원이 완벽하지는 않지만, 만약 이들을 놓치게 되면 더 못한 사람이 자리를 채울 수도 있어요."

해리는 지금이야말로 남의 말에 귀를 기울여 이해하도록 노력하라는 제2원칙을 실천해볼 적절한 기회라는 걸 느꼈다.

"그들의 비위를 상하게 해서 사표라도 내고 나가버리면 다시 새 직원들을 뽑아야 하는데, 더 못한 후임자들이 올지도 모른다, 이건가?"

웨슬리가 한숨을 쉬며 말했다.

"예, 바로 보셨습니다."

이해심을 갖고 귀를 기울인 끝에 웨슬리로부터 공감의 신호를 받은 해리는 진솔한 이야기를 좀 더할 각오가 생겼다.

"좀 더 크게 보자고. 그런 녀석들 몇 명 떠난다고 아쉬울 건 없네.

우리는 지금 큰 전쟁에서 이겨야 하는데, 군기 빠진 병사들 때문에 패한다면 얼마나 억울한 일이겠는가."

마침내 웨슬리는 자신의 옹색한 변명을 깨달았다. 해리도 그걸 느낄 수 있었다.

"웨슬리, 자네는 관리자일세. 자네 개인이야 나무랄 데가 없지. 하지만 올바른 리더십을 갖춰야만 자네가 더 성장할 수 있는 거야. 상황을 냉정하게 바라볼 줄도 알아야 하네. 자네는 리더로서의 자질이 있어. 반드시 넘어야 할 산이야. 내가 지원해줄 테니 해보게. 우리가 지적한 문제 직원 한 사람 한 사람과 면담해서 그들의 잘못을 지적하게. 그것만 나와 약속해줘."

그 순간 해리는 자신이 진정으로 웨슬리에게 애정을 느끼고 그가 성공하기를 바란다는 것을 깨달았다. 한동안 침묵을 지키던 웨슬리가 진지한 표정으로 대답했다.

"예, 그렇게 하겠습니다, 사장님."

"시간이 너무 지나면 자네 용기가 줄어들 테니 내가 언제쯤 결과보고를 받을 수 있을지 정해주게. 그때 자네의 성공을 축하하게 되었으면 좋겠어."

"2주 뒤면 어떻겠습니까?"

"좋아, 지원이 필요하면 찾아오고, 알았지?"

몰리는 남편이 갈수록 부드러워지는 것이 의아하면서도 흐뭇했고, 직원들도 지난 몇 주 사이에 사장이 새사람이 됐다고 입을 모았다. 셀레나도 만족하는 듯했다.

해리는 언젠가부터 셀레나와의 대화가 즐거워졌다. 원칙을 이행하지 못하면 다시 저세상으로 가게 된다는 공포심도 많이 희미해졌다.

그는 제1원칙을 잘 실천해나갔다. 이제는 남의 인격을 모독하지 않았고, 설사 자신도 모르게 그랬더라도 곧바로 수습했다. 제2원칙에 맞게 남의 말을 듣고 이해하는 법도 배워나갔다. 원칙이 하나하나 몸에 배도록 도와준 셀레나에게 감사했다.

며칠 뒤 해리가 산책에 나서자 셀레나가 말했다.

"다섯 원칙은 서로 연결되어 있어요. 각각의 원칙은 그 앞의 원칙을 전제로 하죠. 따라서 제3원칙도 앞서 배운 두 원칙을 토대로 삼게 되요."

해리가 물었다.

"그럼 보통 제3원칙이 필요할 때는 언제입니까?"

그녀가 어떤 대답을 할지 해리는 이미 알고 있었다. 이제 이런 물음은 복습의 차원이었다.

"어떤 일이 제대로 돌아가지 않아 변화가 필요할 때, 그때가 바로 진실을 말해야 할 시점이죠."

"영선부 직원들이 작업지시서를 잘못 쓰거나 운송부에서 제품을 엉뚱한 부두에 운반하거나 또는 작업감독이 정당한 승인 없이 경비 지출을 한다든지 하는 식일 때가 되겠군요."

"네, 그리고 해리 하트웰이라는 남자가 마음으로 경영을 하지 않을 때도요."

셀레나가 웃으며 말했다. 해리도 그녀의 농담에 미소를 지었다.

"일이 잘못되더라도 일단은 마음을 가다듬고 상대를 존중하면서 내 진심을 전해라?"

셀레나가 덧붙였다.

"극단적인 방법은 엉뚱한 결과를 낳는 경우가 많아요. 잘못을 범했다고 직원을 곧바로 해고하거나 그와의 의사소통을 거부하면 안 됩니다."

"아시죠, 저 많이 노력하고 있다는 거? 이제 제3원칙을 정리해주시고 다음 원칙으로 넘어갑시다."

"제3원칙에는 세 번의 단계가 있어요. 첫 번째는 며칠 전 칼 해리스 씨에게 전화하기 전에 말씀드린 대로, 반드시 당사자에게 직접 이야기해야 한다는 거예요. 다른 사람에게 말해봤자 화풀이나 험담밖에 되지 않지요."

"좋습니다. 그건 알아들었고, 다음은 뭐죠?"

"두 번째 단계는 공손한 태도로 상대방을 대하고, 그런 다음 그쪽 이야기를 들어보라는 거죠. 상대방의 체면은 지켜주셔야 해요."

"칼하고도 그렇게 할 수 있었으니, 이제 자신 있습니다."

"세 번째 단계에서는 상대방이 잘못을 인정할 때까지 지켜봐야 한다는 겁니다."

"그런 뒤에 나의 요구사항을 말해라, 이거죠?"

"그렇다고 할 수 있겠죠."

해리의 말에 셀레나가 수긍하면서 말했다.

"두 가지 경우로 나눠볼 수 있어요. 첫 번째 경우는 상대가 뭔가 고통스럽거나 유해한 짓을 할 때, 가령 당신을 아프게 하고 누구한테 해를 가하거나 조직 전체를 파괴할 잠재성이 있을 때가 되겠죠. 그런 행동은 속히 고쳐야 하고 그 사람 스스로 잘못을 고치는 데 동의하게끔 해야 합니다."

이제는 해리가 나섰다.

"그럼 제가 첫 번째 경우의 예를 들어보겠습니다. 몇 주 전 영선부에서 강한 산성 약품을 가지고 작업을 하는데 안전모 착용을 거부한 적이 있었어요. 이런 행동은 그들 눈을 멀게 할 수도 있고 안전 수칙 위반으로 회사가 벌금을 물 수도 있으며 보험 혜택도 못 받게 됩니다. 그런 행동은 빨리 고쳐야 하는 거죠."

"맞아요. 두 번째 경우는, 일은 대체로 잘하고 있지만 태도의 개선이 필요한 때죠. 이런 경우엔 이쪽에서 설명을 해준 다음 그들 스스로에게 시정할지 안 할지의 선택권을 주는 거예요."

그러자 해리가 나름대로의 결론을 내리며 말했다.

"두 번째 경우는, 그 배후에 깔린 논리가 별로 마음에 들지 않는데요? 제가 이해하기로는 그런 선택권을 그들에게 주게 되면 거부권을 주는 결과가 되거든요."

"정확한 말씀이에요."

"그대로 따랐다간 아무것도 못해요. 영선부의 게을러빠진 팔푼이가 몇 명 있죠. 녀석들 하고 싶은 대로 내버려두면 끝이 없습니다."

"그건 당신이 상대하는 사람이 웨슬리 쪽을 닮았는가, 그가 데리고 있는 무능한 부하직원들 쪽을 닮았는가에 달린 문제예요. 기억하시겠지만, 웨슬리 씨의 경우엔 당신이 선택권을 주었어요. 그러나 다른 사람들의 경우는 행동 개선을 거절한 데 대해 결과를 감수해야 하는 거죠."

해리가 공감했다.

"그렇군요. 재량권 시한을 무시하면 제가 당하는 것처럼."

"맞아요. 상대방에게 따뜻한 마음으로 변화의 기회를 주는 거예요. 그 사람이 거절하면 그때 가서 조치를 취해도 되요. 중요한 점은 절대로 의사소통과 변화를 위한 문을 닫지 말라는 겁니다."

이제 해리의 목소리에는 조금의 꾸밈도 없었다.

"좋은 말씀입니다. 그런데 아직 걱정되는 부분은 있어요. 생산성 문제 말입니다. 하지만 당신 말을 믿어요."

"걱정하시는 것 같아서 말씀드리는 건데요, 해리. 따뜻한 마음으로 진실을 말하는 것은 생산성 증대에 도움이 돼요. 이렇게 생각해보세요. 진실을 말해주지 않으면, 사람은 자신이 객관적으로 무슨 기여를 하고 있는지 알 수가 없어요. 따뜻한 마음으로 진실을 말해주는 것은 생산성이나 그 밖의 문제에서 자신들의 현주소를 알게 해줍니다. 따라서 직원들 생산성의 최고치를 얻기 위해선 모든 진실을 다 알려야 하는 거예요."

"좋은 일이건 나쁜 일이건 모든 진실을 말해줘라, 그런 말씀인가요? 내 잘못으로 재량권 시계가 다시 움직이기 시작했을 때, 당신이 그 사실을 나에게 말해주는 것처럼."

"네, 당신도 이제 잘하고 있잖아요."

# 애정이 담긴 저의 뜻을 꼭 찾아봐주십시오

얼굴에 미소를 머금고 해리는 저녁 공기 속을 걸었다. 살아서 숨 쉰다는 게 이렇게 기분 좋을 수가 없었다. 오후에 신체검사가 끝난 뒤, 회색빛 수염의 스튜어트 박사가 말했다.

"좋습니다. 다 괜찮은 것 같아요. 지금까지 하던 대로만 계속하시면 되겠습니다."

그러자 해리가 껄껄 웃으며 이렇게 말했다.

"하하, 제가 그냥 얌전히 어둠속으로 끌려가진 않죠!"

진료를 마치고 집으로 발걸음을 옮길 때 박사가 늘 하던 조언을 다시 했다.

"건강한 식사를 하세요, 해리. 육류는 금지입니다. 버터도 안 되고,

술, 커피, 담배 모두 안 됩니다. 또 한 가지, 심장기능 강화를 위해 충분한 운동을 하시도록. 그게 내가 해드리는 치료보다 몇 배 나아요. 스스로 병이 낫도록 노력해야 합니다."

해리는 이 나이든 익살꾼이 마음에 들었고 신임했다. 스튜어트 박사야말로 이 세상에서 유일하게 자신이 그 좋아하는 커피를 못 마시게 할 수 있는 사람이었다.

박사의 치료법이 효과를 보고 있다는 점은 부인할 수 없었다. 그의 말대로만 하면 건강을 유지할 수 있을 것이다. 마음으로 하는 경영을 함께 배워야 하는 게 흠이라면 흠이지만.

해리는 인도를 벗어나 숲이 우거진 곳 가운데 길로 접어들면서 셀레나를 불렀다.

"우리 일 잘되어가는 겁니까?"

그는 그녀와 함께 공부하는 것을 선수와 코치의 관계처럼 생각하고 싶었다. 그녀 없이는 해낼 도리가 없었다. 생각건대 그녀도 보람을 느끼고 있는 듯했다.

"네 번째 원칙을 배울 시간이 거의 됐어요."

해리가 자신 있게 말했다.

"이미 외우고 있지요. '애정이 담긴 저의 뜻을 꼭 찾아봐주십시오' 입니다. 그런데 이 원칙은 무슨 의미인지 이해가 잘 안 되더군요."

"제2원칙과 마찬가지로 듣기에 관한 건데요, 이번 것은 더 높은 차원이란 점이 달라요."

"제2원칙은 '저의 이야기를 듣고 이해해주십시오' 인데…."

"예. 그 원칙은 말의 내용, 즉 남이 '무엇' 을 말하는가에 관한 것이었죠. 남이 하는 말을 최대한 조심스럽게 그리고 분명하게 듣고, 그 말을 당신 자신의 용어로 되풀이하게 하는 거였어요."

"이제 자주 그렇게 하고 있습니다."

그녀가 공감했다.

"그래요. 하지만 이젠 그걸 새로운 차원으로 끌어올릴 단계에 왔어요. 내용만 듣는 게 아니라 그 이상을 들을 줄 알아야 해요. 상대가 하는 말 뒤에 숨은 '의도' 를 귀담아들어야 한다는 뜻입니다."

해리가 자신만만하게 대답했다.

"그런 것이라면 늘 그렇게 하고 있지요. 안 그랬다면 이런 큰 사업에서 살아남질 못했을 겁니다. 납품업체가 우리 주문을 적당히 잘라먹고 대주거나 알량한 상술을 쓰지 못하도록 감시해야 하죠. 약삭빠른 업자들이 아주 많아요. 상도 같은 건 무시하는 사람들도 있지요."

"해리, 이번 원칙은 사기성 있는 장사치들을 조심하라는 뜻이 아니

에요. 남을 의심하는 자세를 완전히 뒤집는 거죠. 지금까지는 사람들의 '나쁜' 의도에만 신경을 써왔죠. 이번 원칙은 남들의 '좋은' 의도를 눈여겨보라는 건데, 당신은 아직 서툰 부분입니다."

해리가 솔직하게 물었다.

"경영자 입장에서 그게 정말 필요합니까? 그래서 얻는 이득은?"

"결국 회사의 생산성을 높여주니까요."

"무슨 말씀이신지?"

그녀의 설명이 이어졌다.

"사람들은 당신이 어떤 생각을 하고 있는지 감지합니다. 자신들을 신임해주지 않으면 회사에 기여할 값어치가 없다고 느껴요. 그래서 책임감을 가지려고 하지 않죠. 당신이 자신의 애정 어린 의도를 찾아주었을 때 의욕이 샘솟습니다."

"그냥 신임을 하란 뜻인가요?"

"꼭 그런 건 아니에요. 무조건 믿을 수는 없죠. 다만 상대가 마음에 들지 않더라도 그의 마음에 있을지 모를 긍정적인 의도를 찾으라는 겁니다. 그게 이 원칙의 핵심이고요."

"어라, 잠깐만요."

해리는 지나가는 차라도 멈춰 세울 듯 양팔을 들었다.

"방금 '긍정적인 의도'라고 하셨지요? 아까는 '애정이 담긴 의도'였는데, 어느 겁니까? 둘 중에서 어느 걸 찾아보란 건가요?"

"둘 다 같은 말이에요. '애정이 담긴' 이라는 표현에 당신이 거리감을 느낀다는 거 알아요."

"맞습니다. '애정이 담긴' 어쩌고 하는 건 비즈니스와는 어울리지 않으니까요."

"아직은 그렇겠지만, 언젠가 경영사전에 등록될 거예요. 경영도 인생의 일부입니다. 삶과 동떨어져 생각할 수 없어요. 당신이 남들을 위해서 어떤 긍정적인 결과를 원하고, 그런 소망이 마음에서 우러나온 것이라면, 당신의 의도는 긍정적이면서 애정이 담긴 것이겠죠."

"사람들이 항상 애정이 담긴 의도를 가지고 있다면 왜 그렇게 많은 기업가들이 감옥에서 지내고 있습니까? 칼 밑에서 경리 일을 보던 녀석 아세요? 1만 5,000달러를 횡령했지요. 거기에 무슨 애정이 담긴 의도가 있겠습니까?"

"횡령을 용서하자는 게 아녜요, 해리. 그러나 그 사람은 병에 걸린 아내의 치료비가 산더미처럼 쌓인 처지였어요."

"미안한 말씀입니다만, 당신 같은 천사야 그 녀석이 횡령한 돈으로 치료비를 냈을 거라 믿을 수 있을 것입니다. 하지만 그건 모르는 일입니다. 도박에 몽땅 다 날려버렸을 수도 있고 유흥비로 탕진했을 수도 있습니다. 있지도 않은 사랑의 의도를 찾아 헤매면서 정유회사 경영은 언제 하라는 말씀이신지요? 전 사업가입니다. 주말 취미로 '사랑' 이라는 이름의 새를 기르는 사람이 아니라고요. 사업 원칙으로 이런 말씀 들어보셨습니까? 이전투구, 각개전투. 우리네 사업하는 사람들은 야구에서 투수로 비유하자면 납품업자가 도루를 시도할 때 야구 방망이 길이 이상은 허용하지 않아야 해요. 주자가 베이스에서 얼마나 떨어져 있는지 확인하지도 않고 공을 던지는 투수는 반드시 도루를 허용합니다."

여인이 대답을 않자, 해리가 자문자답했다.

"주자는 2루까지 도루합니다. 바보가 아닌 다음에야 당연하죠. 그러니까 내 말은 조금만 틈을 보이면 날 이용하려 들 거라는 겁니다. 주자가 득점 기회를 얻으려고 수단 방법을 가리지 않는데, 그런 걸 바라는 투수가 어디 있습니까? 주자가 득점을 하면, 상대 팀이 앞서 나가고 우리 팀은 뒤진다는 의미가 되죠. 투수가 눈을 부릅뜨고 있어야 사업은 성공하는 거예요."

셀레나가 해리의 말을 끝까지 듣고서 말했다.

"제가 당신한테 요청하는 건, 남을 의심하는 태도를 바꾸라는 거예요. 당신의 직원들은 애정의 의도가 있는 사람들이에요. 회사 문을 들어설 때 괴물 가면을 뒤집어쓰지 않아요. 집을 나서면서 아내와 아이들에게 입맞춤을 한 순수한 사람 그대로의 모습입니다. 사람들이 업무 시간 동안 따뜻한 마음을 지니고 다녀도 괜찮게만 해준다면, 직장에서 애정 어린 행동을 더 많이 볼 수 있을 거예요."

해리가 양해를 구한다는 투로 말했다.

"예. 원칙이 뜻하는 바는 좀 알아듣겠는데, 그래도 사랑 이야긴 좀 거북합니다. 이 원칙을 좀 더 부담 없이 받아들일 수 있는 방법을 찾아주세요. 지금까지의 명제와는 거리가 너무 느껴집니다."

그녀가 참을성 있게 말했다.

"좋아요. 라모코 직원들을 염두에 두고 이 원칙을 검토해보죠."

그녀의 목소리에 담긴 격려의 뜻으로 보아, 아직 그녀가 해리의 적이 아닌 조언자로 남아 있고 그에게 적이 있다면 바로 자기 자신이라는 걸 단박에 알 수 있었다. 그 순간 해리는 인내심이야말로 하늘이 내린 덕목이라고 생각하며 그녀에게 고마움을 느꼈다.

숲지대 끝까지 다다른 해리는 보도로 되돌아와 상가가 모여 있는 곳으로 걸었다. 셀레나가 말했다.

"분명히 직원들은 회사의 성장을 위해 긍정적인 애정의 의도를 갖고 있을 거예요. 찾아볼 수 있겠지요?"

해리는 가던 길을 멈추고 어이가 없다는 듯 말했다.

"농담이시죠? 우리 회사 직원 전원이 회사를 향해 애정 어린 의도를 가지고 있다고요? 하하, 말도 안 됩니다."

그가 헛웃음을 치고는 말을 계속했다.

"단적인 예로 영선부의 놈팡이들 있잖습니까? 그 문제아 세 명 말입니다. 그런 녀석들이 라모코 일에 애정을 가지고 있다고요? 말도 안 돼."

그녀가 다시 설명했다.

"이 원칙은 애정의 의도를 '발견해내라'는 게 아니라 '찾아보라'는 것이에요. 어떤 상황에서는 존재하지 않을 수도 있지요. 하지만 그저 없을 것이라고 단정 짓지 말고 꼭 찾아보라는 것이 당신한테 주어진 과제입니다."

"나는 몇몇 얼간이들한테까지 에너지를 낭비할 만큼 어리석지 않습니다."

"해리, 잘하다가 너무 고집을 부리네요. 사람을 아예 믿지 않기로 작정을 하신 건가요?"

"비즈니스의 세계에서는 기본적으로 사람을 믿지 않는다는 말씀을 드린 겁니다. 애정이 담긴 의도를 찾으라는 제4원칙을 전반적으로 적용해서는 안 된다는 거죠. 예를 들어 내가 보석 가게를 운영한다고 칩시다. 진열장 바깥에 수상한 녀석들이 서 있는 걸 보면, 저는 가게 문을 닫아버릴 겁니다. 그 녀석들이 강도면 강도였지 고객이리라는 생각은 안 할 겁니다. 일단 의심하는 거죠. 그래야 대비를 하니까요. 내 생명과 재산을 보호하고 싶은 게 뭐가 잘못입니까?"

"대비를 하는 게 잘못이란 건 아니에요, 해리. 하지만 사람들이 애정 어린 의도를 지니고 있을 가능성 자체를 부인하지는 마세요. 예로 든 경우는 너무 극단적인 거고요. 물론 그런 경우는 당신 말씀이 옳아요. 그러나 당신 직원들의 경우엔 조금만 능동적으로 애정의 의도를 찾아본다면 뭔가 얻을 수가 있을 거예요. 내 말을 입증하는 뜻에서 이미 당신이 예로 든 영선부의 말썽쟁이들을 증거로 내놓겠어요. 애정 어린 긍정적인 의도를 항상 발견할 수 있는 건 아녜요, 해리. 세상엔 분명히 악도 존재하니까요. 입에 담을 수 없는 짓을 하고 다니는 사람들도 있어요. 이번 원칙의 요점은 찾아보려고 노력하라, 그러다 보면 자기 자신이 아닌 상대방의 안목에서 세상을 볼 수 있게 된다는 것입니다."

"전 종업원들을 신용할 체질은 아닌 것 같습니다."

"그럼 회사에서 당신이 정말 믿는 직원이 있기는 한가요?"

"물론이죠."

"누구죠?"

"비서인 앤 레이니요."

"틀림없어요?"

그러자 해리가 눈이 동그래지면서 말했다.

"아닌 것 같습니까? 전 앤을 신용해요. 그 사람이 없으면 사무실 쓰러집니다. 더군다나 제가 건강을 유지할 수 있게끔 앤이 얼마나 세심하게 챙겨주는지 모릅니다. 앤이 얼마나 나에게 충직한지 어떤 때는 당황하기도 해요."

그러더니 잠시 말을 멈추고 눈을 감았다.

"설마 앤한테까지 제가 제4원칙을 적용하지 못한다고는 안 하시겠

지요?"

여인이 위로의 말투로 말했다.

"당신이 앤한테 신경 많이 쓰는 건 알지요. 그녀의 경우라면 당신이 원칙에 어긋난 건 없어요. 하지만 더 잘할 수 있는 기회를 종종 놓쳤다는 건 인정하지 않는군요. 일례로 1년 전쯤 당신이 3주 동안 유럽 출장을 다녀왔을 때, 앤이 자진해서 사무실을 다시 꾸민 일이 있었죠. 그건 몇 년 동안 당신이 벼르던 일이었어요. 카펫이며, 벽지, 가구, 죄다 앤이 깨끗하게 바꿨죠. 완전히 새로운 분위기로."

그리고는 셀레나가 목소리를 진지하게 바꿔서 물었다.

"그래서 당신은 진심으로 앤의 수고를 높이 샀고 감사를 표현했나요?"

해리가 솔직히 시인했다.

"글쎄요, 처음부터 그랬던 건 아니고요. 전체적으로 색깔이 마음에 들지 않더군요. 탁자, 액자, 책상 등을 전부 번쩍거리는 크롬제 테두리 장식으로 바꿔놔서 마치 캐딜락 자동차 대리점처럼 만들어놓았지 뭡니까. 게다가 가구들이 너무 비쌌고요."

"그러면 실제로는 화가 났었군요?"

"당시엔 그랬었나 봅니다."

"그런데 잘 생각해보세요, 해리. 시간이 좀 지나자 새 분위기의 사무실이 마음에 들었죠?"

해리가 주저하며 동의했다.

"예, 결과적으로는 잘 됐습니다. 사람들한테 분위기 좋아졌다는 말을 들으니 기분 좋더군요. 지금도 제 사무실로 들어오는 손님은 그 분위기에 매료되지요."

"그리고 앤이 왜 당신 사무실 관리를 스스로 떠맡았다고 생각하세요?"

"그건 아무래도 일단 제가 앤이 내 사무실을 맡아줬으면 했고, 그녀도 자기가 그렇게 해주면 내가 기뻐하리란 걸 알기 때문이겠지요."

"바로 그거예요."

셀레나가 안심했다는 듯 말했다. 자기가 애써 가르쳐주려는 뜻을 해리가 스스로 터득한 것이다.

"애정이 담긴 의도라고 한 게 바로 그런 거예요. 당신을 기쁘게 해주고 싶다는 마음, 당신에 대한 애정을 표현하고자 한 의도였죠. 그런데 당신은 그걸 받아들이지 않았어요."

그러자 해리가 진심으로 물었다.

"설마 좋아하지도 않는 걸 억지로 좋은 척하라는 건 아니겠죠?"

"그게 중요한 게 아닙니다. 앤은 당신을 기쁘게 하려고 최선을 다했어요. 결과가 전적으로 마음에 들지 않더라도 일단은 그 선량한 의도를 인정해줄 수는 있잖아요. 전적으로 악의적인 의도를 가지고 행동하는 사람은 세상에 몇 명 되지 않아요. 대부분은 그 순간에 가장 좋다고 여기는 일을 하죠. 그들의 의도는 대개 명예스럽고, 착하고, 애정이 담긴 거예요."

"그럼 앤 같은 경우 '고맙지만, 고맙지는 않네' 라고 했어야 합니까?"

"좋은 의도를 인정해주는 데 반드시 그 결과까지 받아들일 필요는 없어요. 가령 '앤, 이런 수고를 다해주다니 뭐라고 할 말이 없네. 시간이 오래 걸리는 작업이었을 텐데, 고생했어' 와 같은 말을 해줬더라면 참 좋았을 거예요."

그러자 해리가 비꼬는 말투로 덧붙였다.

"자, 그럼 이번엔 모두 원상태로 돌려줘."

"그런 말을 앤한테 실제로 하지 않은 건 다행이었어요. 물론 그 말까지 하지 않았다고 해도 앤은 충분히 실망감을 느꼈어요. 만약 당신이 그녀의 애정이 담긴 의도를 찾아내 인정해줬더라면 날아갈 듯한 기분이 되어 당신을 더욱 잘 보좌했을 건데 말이죠."

"그 정도까지는 바라지 않아요. 그건 제 욕심이죠. 지금으로도 충분합니다. 앤은 잘하고 있어요."

"그러니까 앤의 자존심을 무너뜨리지 않고 좋은 말을 충분히 해줄 수도 있는 거죠."

해리는 뉘우치는 기분이 되었다. 앤한테 실수를, 그것도 몇 차례나 저질렀다는 사실이 떠올랐다.

"부끄럽습니다. 당신 말을 듣고 보니 제가 칭찬과 고마움의 표현에 너무 인색했던 것 같습니다. 그저 내 직원이니 당연히 그래야 한다는 생각이었지요. 이 점은 정말 빨리 고쳐야겠습니다."

"그렇게 하다 보면 그것이 즐겁다는 생각이 들 거예요, 해리. 처음에는 직원들과 스타일이 맞지 않아서 좀 못마땅하기도 하겠지만, 그 속에서 애정이 담긴 긍정적인 의도를 읽어내면 기쁨을 느끼게 될 겁니다. 어려워 할 필요는 없어요. 넥타이 선물 같은 거라고 보면 되요. 선물한 사람의 좋은 의도에 감사한다고 해서 선물 받은 넥타이를 매일 맬 수는 없잖아요."

"전 여태껏 항상 동기보다는 그 결과, 즉 최종 성적에만 초점을 맞춰왔거든요. 직원들의 좋고 나쁨을 항상 그들이 창출해내는 결과만을 가지고 따졌으니까요."

"이 말이 위안이 될지는 모르겠지만, 당신만 그런 건 아니에요. 그래서 우리의 이 원칙은 모든 사람이 직장에서건 가정에서건 적용해야 할 교훈입니다."

해리는 상가를 지나면서 지금까지 삶에서 만난 사람들이 한 일들을 생각하며, 그들의 애정 어린 의도가 무엇이었을까 곰곰이 되씹었다. 셀레나의 말이 이어졌다.

"이번 원칙은 뒤집어서도 적용시킬 수 있어요. 당신 스스로도 애정의 의도를 지닌 걸 알게 되면, 그것을 표현하는 적절한 방법을 찾는

데 즐거움을 느끼게 되죠."

"방금 말씀 다시 해주실래요? 잠깐 딴 생각하느라 못 들었습니다."

"해리, 당신은 누구한테 애정의 의도를 느끼시는 일이 있나요?"

"그게 무슨 말씀이죠?"

"그러니까 누구한테 건 가령 당신의 아내한테, 애정 어린 의도를 품고 있는 걸 느낀 적이 있었냐는 말씀입니다."

해리는 파란 신호를 기다리다가 길을 건너면서 대답했다.

"그럼요. 있지요."

"그런 의도를 드러낸 적이 있어요?"

"물론이죠."

"어떻게요? 그런 뜻을 어떤 행동으로 표현하나요?"

"뭘 알고 싶으신데요?"

"지금 이 순간 당신이 몰리에게 애정의 의도를 느껴 뭔가를 해주고 싶다면 어떤 일을 하시겠어요?"

"예?"

"해리, 걷지만 말고, 주위를 한번 둘러보세요."

그때 해리는 꽃가게 근처에 다다르고 있었다.

"아내한테 꽃을 선물하라는 제안인가요?"

"그렇게 하면 몰리에 대한 애정의 의도를 표현하는 게 될까요?"

해리가 솔직하게 말했다.

"그런 생각을 해본 적이 없어서요."

"몰리한테 꽃을 선물한다면, 그건 무엇 때문일까요?"

그러자 그가 쑥스러운 듯 대답했다.

"결혼한 이후로 몰리에게 꽃을 사다준 적이 없네요."

"오랜 기간 스스로가 지닌 애정의 의도마저 모르고 지내셨다는 거예요. 아내한테도 그랬으니, 다른 사람한테서 그걸 찾아보기 어려웠던 건 당연하죠."

그 말을 들은 해리는 꽃가게로 들어가 몰리에게 줄 꽃바구니를 구입해 자랑스럽게 집으로 갔다.

현관에서 해리가 내민 꽃다발을 보고 놀란 몰리가 눈을 크게 뜨고 바라보았다. 그녀는 간신히 말문을 열었다.

"해리, 어디 아픈 데는 없어요?"

최근 해리가 많이 긴장하며 지낸다는 걸 아는 몰리의 목소리에는 염려하는 마음이 담겨 있었다.

"왜?"

"갑자기 꽃을 주시기에… 지난 20년 동안 당신한테서 꽃 선물을 받아본 적이 없잖아요."

그녀가 얼굴을 붉혔다.

"하하, 집으로 걸어오는 사이에 내 안에 있는 당신에 대한 사랑의 의도를 감지한 거야."

"고마워요. 당신 사랑의 의도가 너무 고마워요. 정말 기분 좋아요."

그녀는 꽃다발을 받아 향기를 맡아보고는 미소를 지었다. 그런데 잠시 후 미심쩍은 표정이 얼굴에 번졌다.

"그런데 당신 좀 이상하긴 해요. 병원에 입원한 이후로 너무 달라지셨는데 오늘 이 꽃이 그걸 증명해요."

"그게 무슨 말이야?"

"사람이 달라져도 너무 달라졌어요. 남의 말에 귀도 기울이고 말뜻도 알아채고 말이에요. 당신의 변화가 마음에 들지만, 혹시 뭐가 잘못된 건 아닐까 조금 걱정도 되요."

아내의 말을 듣자 해리는 기분이 몹시 좋아졌다. 자신의 변화를 남이 알아주는 게 즐거웠던 것이다. 몰리가 덧붙였다.

"즐거운 마음에서 하시는 거 맞죠? 제 말은… 남에게 부드럽고 다정한 것 말이에요."

"그런 거지, 뭐."

사실 해리는 아직 확신이 서지 않았다.

"정말 자상해지셨어요. 사람은 역시 오래 살고 볼 일이에요. 호호."

해리도 같이 웃었다. 몰리가 그에게 입을 맞추고 귀엣말을 했다.

"5분만 기다리세요. 바로 저녁식사 준비할게요."

해리는 욕실로 들어가 손을 씻은 후 거울을 들여다보며 셀레나에게 말을 걸었다.

"당신과의 약속 때문에 내가 변하지 않고는 살 방도가 없다는 걸 몰리가 알면, 지금보다 곱빼기로 더 좋아할 걸요."

"그건 왜 그렇죠?"

"제 머리에 총구가 겨눠져 있잖습니까. 당신이 더 잘 아시겠죠. 그렇게 하고 있는 장본인이시니까."

"총은 사람을 죽여요, 해리. 제가 당신 머리에 넣어주고 싶은 건 총알이 아니라 마음으로 하는 경영입니다. 그것 때문에 다친 사람은 아무도 없어요. 사실은 총을 겨누는 것과 정반대죠. 사람을 살리니까요."

"아, 머리에 총을 겨눴다는 건 그런 뜻이 아닙니다. 당신이 재량권 시계를 쥐고 계신다는 의미죠. '죽기 싫으면 시키는 대로 하라', 이거잖아요."

"우리는 그걸 '시키는 대로 해서 살아가라' 고 표현해요."

"농담입니다. 아무튼 나도 몰리가 알아주니 고맙네요. 스스로도 기분 좋고요."

셀레나가 덧붙였다.

"나도 알아주잖아요, 해리."

"그래서 만족하고 있어요. 당신이 말 한마디 행동 하나를 바르게 하면, 마음 경영은 별로 어려울 게 없어요."

해리는 거울을 들여다보며 미소를 지었다. 스스로도 만족하고 있었다. 마치 경기 점수를 아는 것, 자기 팀이 앞서고 있다는 걸 알 때의 기분이었다. 셀레나의 말이 계속됐다.

"마음에 드는 사람의 경우에는 애정의 의도를 찾기 쉽지만, 그렇지 않은 경우에는 훨씬 어렵죠. 자세히 말하자면 당신과 뜻을 달리하는 사람에게서 애정의 의도를 찾아내는 건 정말 해볼 만한 일이에요."

셀레나의 말뜻을 제대로 파악했는지 확인하기 위해 해리가 물었다.

"짐 위스 같은 경우 말씀이죠?"

그녀가 수긍하자 해리가 말했다.

"맨 처음 온통 하얗게 반짝거리던 방에서 이 네 번째 원칙 이야기를 하던 때가 기억나는군요."

해리가 기억을 되새겼다. 셀레나가 말했다.

"그때 당신은 1만 달러를 걸면서 주례 간부 회의를 열자는 짐의 덜 떨어진 구상 뒤에 숨은 애정의 의도를 나더러 찾아보라고 했지요."

해리가 욕실 전등을 껐다. 셀레나의 목소리가 들렸다.

"당신한테 미리 말씀드리지 않으면 불공정할 것 같아서 미리 언질을 드릴 게요. 내일 제4원칙으로 시험대에 오를 거예요. 잘 준비해두세요."

해리는 라모코의 이사회 회의실에서 정유공장의 예산 문제를 놓고 회의를 개최했다. 편안한 가죽의자에 앉아서 하는 회의라도 예산을 다룬다면 좋아할 사람은 아무도 없었다. 회의 분위기가 고조되는 가운데, 짐 위스가 조별로 포상을 해주자는 덜떨어진 구상을 또 하나 들고 나오면서 설명을 하자, 해리는 애정의 의도에 관한 교훈을 깜박 잊었다. 짐이 설명했다.

"우수한 근무 실적을 보상하는 방안을 여러 갈래로 연구해봤는데요. 그 결과 얻은 이 구상을 잠깐 동안 여러분들과 의견을 나누었으면 합니다. 이번 연구 결과, 특정인의 근무 실적에 대해 개별적 포상을 주는 것보다는 단체 실적을 조별로 포상을 주는 것이 가장 효과적인 방법인 듯합니다."

이야기를 듣던 해리가 불쑥 끼어들었다.

"짐, 잠깐만. 연구 결과가 무엇이든 상관없어. 우리 공장에선 최다득점자들에게만 포상을 주면 되지, 다른 사람의 노력에 무임승차하

는 자들에겐 돌아갈 게 없어."

해리는 방금 자기가 한 말에 동조하는 표정들을 읽으려고 방안을 휙 둘러본 뒤 말을 계속했다.

"문제를 논리적으로 보라고. 내가 정유제품의 생산량에 따라서 보수를 받는다면, 내 생산량을 줄이는 사람한테까지 내가 도와줄 까닭이 어디 있나?"

다른 참석자들은 해리의 발언에 중얼거리는 반응을 보였다. 짐은 해리가 말을 가로막은 데 눈살을 찌푸리고 깊은 한숨을 쉰 다음 이야기를 계속했다.

"연구 결과를 보면 개인별 포상 제도가 몇몇 개인에게는 기분 좋은 일일지 몰라도, 다수의 직원들에겐 질투와 불쾌감의 원인이 되고 있음을 알 수 있습니다."

해리는 웃음을 띠고 또 한번 수긍해달라는 듯 주위를 돌아본 뒤 짐 위스에게 말했다.

"게으름뱅이 녀석들이야 질투심에 허우적거리든 말든 무슨 문제겠어. 싫으면, 상을 받는 게 얼마나 어려운지 열심히 일이나 해보라고 하지."

짐은 해리 쪽에서 거부 반응이 있을 줄 예상하고 만반의 준비를 해왔다. 그는 다시 한번 깊은 숨을 들이쉰 뒤 반박했다.

"조별 포상은 모든 조원들이 열심히 일을 하게 만들어줍니다. 단체를 기초로 한 포상 제도는 경쟁과 적대감이 아닌 상호 협력을 유도합니다."

"짐, 공짜 좋아하는 작자들은 끝까지 공짜만 바란다는 걸 모르나 보군. 자네의 제안은 그런 작자들이 당치도 않은 상을 받도록 도와주는 것밖에 안 돼."

짐이 논박했다.

"그러나 이 문제를 팀의 관점에서 봐주십시오. 단체 포상을 받기 위해 구성원들이 무임승차꾼들을 선도해서 팀의 성공에 기여토록 하는 면도 있습니다."

해리가 일어서서 발언을 하려 했다. 짐 위스보다 키가 머리 하나는 더 컸다. 짐의 귀에는 자리에 앉으라는 소리 없는 말이 들려왔다. 짐은 자리에 앉았다. 해리가 단정 짓는 투로 말했다.

"미국이 세계에서 가장 강한 나라가 된 것은 개인주의 덕분일세. 우리 회사가 정상으로 뻗어나갈 길도 거기서 찾아야 해."

그는 좌중의 얼굴을 다시 한번 관찰했다. 그는 짐 위스에게 마지막 한 방을 먹였다고 생각하며 자리에 앉았다. 하지만 짐은 포기하지 않았고 다시 일어서서 설명하기 시작했다.

"라모코 본사에 전화를 해서 이 아이디어가 회사의 정책에 부합하는지 알아봤더니 칼 해리스 이사님이, '그룹 전체에 걸쳐서 단체별 포상 제도를 실시하는 방안을 진지하게 검토 중'이라고 하셨습니다."

칼 해리스를 무시하면서 해리가 말했다.

"회계부서는 논의에서 빼자고. 그들은 돈이나 세고 있으면 되는 걸세. 석유 생산이나 라인 작업에 관해서는 아무것도 모르지."

"하지만 사장님, 결론은 이미 나와 있는 게 아닐까요? 라모코가 첨단 기술로 이행해가는 데는 점점 더 높은 수준의 팀워크가 요구됩니다. 이 제도는 분명 도움이 됩니다."

회의 참석자들 중 일부는 짐 위스의 말에 지금까지보다 훨씬 주의 깊게 귀를 기울이고 있었다. 그러나 해리는 짐의 생각이 귀찮아졌고 자리에서 일어나 휴회를 요청했다.

사무실로 들어서는 해리의 귀에 셀레나의 목소리가 들려왔다.

"해리, 또 시작했군요. 당신한테는 거리감이 느껴지겠지만, 짐 위스의 제안 속에 애정의 의도가 담겨 있다고 생각하지 않나요?"

"아, 좀 쉬고 싶습니다."

해리는 등을 돌려 창문 쪽을 내다보았다.

그녀가 부드러운 말투로 다시 물었다.

"묻고 있잖아요, 해리. 짐한테 긍정적인 의도가 없었을까요?"

"그랬는지는 몰라도 내 눈에는 띄지는 않았어요."

이번에는 그녀가 격려하듯 말했다.

"다시 잘 생각해보세요, 해리."

"글쎄, 그런 의도가 한 가지 정도는 있었겠지요."

해리는 짐짓 말은 했지만 크게 자신은 없었다. 그녀가 재촉했다.

"찾아내세요, 해리. 그리고 인정을 해주세요. 재량권 시계가 또 움직이기 시작했어요."

선의의 의도를 찾는 데는 오랜 시간과 생각이 필요한 건 아니었다. 해리가 여인에게 그러겠다고 했다.

"잘했어요, 해리. 제대로 길을 들어섰어요."

셀레나는 책상 가까이 서 있는 해리에게 긍정의 의도 이야기를 어떻게 끄집어내서 인정해주면 좋은지 도움의 말을 해주었다. 해리는 회의를 속개하면 짐 위스에게 어떻게 말을 할 것인지 예행연습을 했다. 셀레나가 말했다.

"어떤 아이디어가 아무리 황당하게 들리더라도, 제안자가 품은 애정의 의도를 파헤쳐 들어가면 대개는 생산적으로 활용할 수 있는 면을 찾아낼 수 있어요."

회의장으로 돌아온 해리는 먼저 짐 위스에게 말문을 열었다.

"내가 자네 의도에 다가갈 수 있는지 한번 따져 보자고, 짐. 내 생각으로는 자네가 바라는 게 지금보다 더 큰 팀워크를 이끌어내자, 그래서 단체정신을 발전시켜나가자, 이런 이야기가 되겠지?"

거부의 뜻이 담기지 않은 그런 말이 해리의 입에서 나오는걸 보고 놀란 짐이 고개를 끄덕였다. 해리가 말을 이었다.

"자네 예상대로라면, 단체별로 포상을 주면 우수 직원들이 나머지 직원들의 생산성까지 높여줄 것이다, 이런 말인가?"

짐이 열성 어린 목소리로 대답했다.

"예, 그렇습니다, 사장님. 그뿐만이 아니에요. 단체 포상 제도를 실시하면 한 팀만 우수 포상을 받는 게 아니라, 실적 기준에 도달하는 팀 모두가 받을 수 있다는 데 매력이 있어요. 상을 한 개만 내놓는 게 아니라 여러 개라도 줄 수 있는 거죠."

"그럼 실적을 어떻게 측정하고 기준을 어떻게 정하면 되는 거지?"

"각 팀에게 맞는 평가 기준을 일부러 일률적으로 꾸며낼 필요는 없어요. 모든 팀에게 나름대로의 제안을 내놓으라면 됩니다. 각자의 평가기준을 정하도록 말입니다. 그래서 목표치를 너무 낮게 잡았다고 회사 측에서 판단이 되면 그때 조정을 해주면 되죠."

"하지만 난 아직도 무임승차꾼들이 걱정되네, 짐. 여기 몇몇 다른 사람들도 마찬가질 거야."

상당수의 참석자들이 해리의 말에 동의를 표했다. 무임승차는 아직도 미해결 문제였다. 짐의 설명이 계속됐다.

"이 제도에서 포상을 받는 건 팀들입니다. 무임승차자들을 독려해

실적을 평균치로 끌어올리는 것 또한 각 팀의 임무죠. 팀 단위로 방법을 찾아서 그 문제를 해결케 하는 겁니다. 우리 경영진들이 할 일은 모든 팀이 근무 태도 문제가 있는 구성원들과 맞서나가도록 높은 유인책을 주는 제도를 만드는 것이고요."

"그건 별로 어렵지 않겠지, 짐."

해리가 순수한 마음으로 공감하면서 말했다.

"자네가 그런 구상을 철저하게 파고들어간 게 반갑네. 모든 직원들의 근무 실적을 향상시킬 수 있는 방법을 찾는 데 정말 헌신적인 노력을 했다고 믿어."

그러자 짐이 활짝 웃으며 말했다.

"인정해주시니 몸둘 바를 모르겠습니다."

해리는 회의실 탁자를 둘러보며 다른 사람들도 짐의 생각이 마음에 드는 모양이라고 발언했다. 그 점을 인정하기가 아직 내키지 않았지만 그렇게 했다. 짐이 흥분을 이기지 못해 말을 계속했다.

"그뿐만이 아닙니다. 팀으로서의 사명감과 열의도 생길 겁니다."

해리가 듣기 확인 연습으로 말했다.

"그렇다면 자네 말로은 확정된 기준에 부합하는 모든 팀에게 우승기를 준다는 건가? 결과적으로 우승 팀으로만 가득 찬 정유회사를 창조해낸다, 그게 자네의 비전이라는 건가?"

"바로 그겁니다!"

해리가 셀레나에게 조용히 말했다.

"당신 말대로 제4원칙 연습을 오늘 하지 않았더라면, 짐 위스의 훌륭한 아이디어를 깨끗이 날릴 뻔했습니다. 검토도 않고 넘어갈 뻔했죠."

"나에게 가장 반가운 소식은 당신이 그 아이디어를 끝내 검토했다는 사실이에요. 애정의 의도를 찾아 나섰다가 훌륭한 아이디어를 얻은 거죠. 짐 위스가 대만족을 했을 뿐 아니라 이 새로운 방안 덕택에 회사에 꼭 필요한 경영 개선 효과가 생길 거예요. 그래서 당신은 행복해질 거고요."

해리가 환하게 웃었다.

점심 때 해리 하트웰과 닐 커티스는 공장의 간이식당에서 식사를 함께했다. 라모코 본사의 인력개발부 부사장인 닐은 다른 직원들에 둘러싸여 식사하기를 즐겼다. 그는 늘 주위를 관찰하며 여러 가지 말을 했다. 사람들은 식사시간이 되면 대개 남을 비판하는 일이나 칭찬하는 일에 솔직해진다는 점을 그는 알고 있었다.

닐이 자주 하는 말은 "난 사람들이 홀가분한 분위기에서 말하는 걸 듣는 게 좋아"였다.

해리는 셀레나를 대하면서 자연스럽게 닐 생각이 났다. 그녀도 남들에 대한 관심, 그들의 감정이나 의도 등을 헤아리는 일을 강조하니까 말이다.

해리는 예산 회의에서 나온 지 얼마 되지 않아 아직도 방금 전에 있었던 일을 머릿속에서 빙빙 굴리고 있었다. 처음엔 짐의 제안을 규탄하는 입장이었다가, 회의장을 나설 때는 단체별 포상 제도로 바꾸는 결과가 되었다. 그는 애정의 의도를 찾는 과정에서 짐과 그의 구상을 대하는 자신의 심경이 어떠한 변화를 겪었는가에 관해 닐에게 설명하고 있었다.

"사람들의 긍정적인 의도를 공개적으로 인정해주면 그들에게 어떤 효과를 주는지 참으로 놀라운 일이야. 짐의 참된 의도가 뭔지 내가 생각한 대로 이야기해주니까 그는 즉시 자기 입장을 옹호할 노력을 버리고 우리와 함께 흥분을 나누지 뭔가. 그리고 그 사람의 의도를 진심으로 인정해주기 시작하니까 금세 그 사람 아이디어가 달라져 보이기 시작하는 거야."

그러자 닐이 물었다.

"본사에서 누가 자네한테 애정의 의도를 이야기해주었나?"

"그게 무슨 말인가?"

해리가 닐의 눈치를 보며 물었다. 셀레나의 이야기는 누구한테도 한 적이 없었다.

"본사 인력개발부 간부 회의에서 종종 '애정이 담긴 의도' 이야기가 나오거든."

해리가 믿을 수 없다는 듯 물었다.

"정말인가?"

"그래, 회의 분위기가 굳어지면 우리는 '애정의 의도 원칙'을 원용하지."

해리는 눈을 둥그렇게 뜨고 물었다.

"어떤 식으로 하지?"

해리는 셀레나가 자기 말고도 다른 사람한테 그런 원칙을 가르친 일이 있는지 무척 궁금했지만, 차마 입 밖에 내지는 않았다. 닐이 설명했다.

"간부 회의에서 논란이 뜨거워지면 애정의 의도 원칙을 강제 적용하거든. 무슨 말인가 하면, 상대방에게 이의를 제기하기에 앞서 그 사람의 좋은 의도에 관해 각자가 견해를 밝히도록 요구한다네. '방금 말씀하신 요점을 곰곰이 되새겨본 결과, 제 생각에 당신이 품은 애정의 의도는…' 하는 식으로 말일세. 참석자 모두가 다른 사람의 그

의도를 번갈아 진술하다 보면 하나의 팀으로 생각하는 자세로 되돌아간다네."

"애정의 의도를 인정해준 사람한테 화를 내기가 힘들어지겠군."

닐이 동의하면서 말했다.

"그렇지. 우리가 항상 서로 존중하는 태도로 대해주니까 생산적이고 협조적인 회의가 가능해지지."

"닐, 본사 사람들이 정말 '애정의 의도 원칙' 을 실천하나?"

"그렇다네. 적어도 인력개발 팀에서는 그래."

"그러다 보면 회의 시간이 늘어지진 않아?"

"전혀. 길게 보면 애정의 의도 원칙하에서 성공적으로 회의 결론을 내리면 오히려 시간이 덜 들어. 사람들이 서로 티격태격하질 않으니 서로 물고 늘어질 일도 없거든. 보통 회의가 늘어지는 이유는 서로 언쟁을 해서가 아닌가. 그런데 다른 간부들에게 적대적인 동기가 있다고 뒤집어씌우질 않고, 상대방도 팀 전체의 이익을 위해서 일하는 사명감이 있다고 인정해주니 언쟁이 벌어지지 않지."

"내가 짐한테 한 것처럼 말인가?"

"바로 그걸세."

해리가 셀레나에게 말했다.

"오늘 점심식사 자리에서 좀 놀랐어요. 마음으로 하는 경영의 원칙들이 하늘이 내려준 것이라고 생각했는데 널도 죄다 알고 있더군요."

"마음으로 하는 경영은 우리가 당신을 괴롭히려고 일부러 발명해낸 도구가 아니에요. 마음으로 하는 경영은 새로운 게 아닙니다. 공포에 질려 있을 때를 제외하고 인간이 자연스럽게 취해야 할 사항들이에요. 사람들이 공포에 빠져 있거나 불안해할 때는 자연스런 행동이 불가능하죠. 애정의 의도 원칙은 늘 있었던 거예요. 어떤 사람들은 그걸 찾아내서 활용하는 게 당연한 도리라고 생각하죠. 당신은 그동안 그게 부자연스럽다고 본 거고요."

"애정의 의도를 찾는 것이 제2의 천성으로 굳어지리라 생각하세요?"

"전 분명히 그렇게 기대하고 있어요."

## 저에게 숨겨진 장점을 인정해주십시오

무언가 골똘히 생각하며 길을 걷고 있는 해리에게는 5월의 아름다운 석양과 붉게 핀 진달래가 눈에 들어오지 않았다. 그는 입고 있는 낡은 밤색 카디건의 소맷자락을 잡아당기며 코웃음을 쳤다. 그때 셀레나의 목소리가 들려왔다.

"왜 그러세요, 해리?"

해리가 깊은 한숨을 내쉬었다.

"밥에게 정말 실망했습니다. 다음 학기 수업료 때문에 나하고 한바탕했어요. 그 녀석 평균 학점은 여전히 2.25에 머물러 있어요. 머리만 보면 지금보다 더 잘할 수 있는 녀석인데 말입니다. 말은 실망했다고 했지만, 사실은 화가 나 있어요. 집에서 쫓아낸다든가하는 무슨 과감

한 조치를 취해서 눈이 번쩍 뜨이게 해놔야겠습니다."

해리는 방금 집을 나서기 전의 장면을 머릿속에 떠올렸다.

밥은 식탁에서 일어나 거실로 갔다. 소파에 앉아 텔레비전 리모컨을 집어서 여기저기 버튼을 눌러대더니 결국 코미디 프로를 골랐다. 해리도 거실의 안락의자에 앉아서 신문을 펼쳐 들고 몇 분간 읽다가 접어서 내려놓았다. 그는 잠깐 동안 조용히 밥을 바라본 뒤 텔레비전 소리보다 음성을 높여 아들에게 말을 걸었다.

"밥, 이번엔 어떻게 해서 성적이 그리 나온 거지?"

해리는 이해심 있게 말을 들어보고 아들이 품은 애정의 의도를 찾아볼 요량으로 물었다. 밥은 텔레비전 화면에서 눈을 떼지는 않았지만 그런 질문이 필연적으로 나오리라고 생각한 터라 얼른 대답했다.

"한 가지 이유는요… 물리 과목을 택했는데 실험 실습이 그렇게 많은 시간이 걸리는지 몰랐어요."

그리고는 아버지 쪽으로 얼굴을 돌리며 덧붙였다.

"축구 시합에도 나갔어요. 거의 매일 하는 오후 연습이 시간을 많이 잡아먹어요."

"그러니까 네 말은 물리 실습에 시간을 너무 빼앗기고 축구 연습이 나머지 공부할 시간을 다 빼앗는다?"

밥이 미식축구 대신 유럽식축구를 선택한 데 남 모르는 실망을 느낀 해리였다. 밥의 시선이 다시 텔레비전 화면으로 옮겨갔다.

"축구에서 격려 편지를 받았어요. 아버지도 그걸 알면 좋아하시리라 생각했죠."

"그건 잘한 일이군. 하지만 축구 때문에 공부 시간을 다 뺏겨도 좋다고 생각한 건 아닐 테지?"

해리의 눈길에도 아랑곳없이 밥은 코미디에 빠져 있는 듯했다. 밥이 잠깐 얼굴을 돌려 아버지를 바라보며 말했다.

"어… 그리고요, 이번 학기에 존과도 갈라섰어요. 그래서 정말 속이 상했어요."

"그 아이가 보고 싶을 테니 마음이 울적하겠지. 음, 너에겐 아직 학점이나 공부가 인생에서 가장 중요한 일은 아닌 모양이구나."

"그건 그래요. 그런데 아버지?"

"말해봐."

"전공을 화학에서 역사로 바꿔야 할 것 같아요. 과학은 너무 힘들기만 해요. 제 생각엔 역사나 뭐 그런 쉬운 과목이면 순풍에 돛단 듯 학점도 잘 받을 것 같은데요."

해리가 일어나 창가 쪽으로 다가가며 말했다.

"넌 아직 네가 뭘 원하는지 모르는 것 같다. 그런 판국에 전공 탓을 하다니. 그리고 역사학이 그렇게 만만하냐?"

"아버지, 대학 생활은 좀 즐기면서 보내야 한다고 생각하지 않으세요?"

"이따금 그러는 건 좋지. 그러나 즐거움만을 찾는 것이 대학 교육의 목적은 아니야."

그는 여전히 창밖을 내다보고 있었다.

"그건 저도 알아요. 하지만 대학은 현실 세계에 뛰어들기 전에 치르는 마지막 잔치 같은 거잖아요."

그 말에 놀란 해리가 고개를 돌려 아들의 눈을 똑바로 쳐다보면서 말했다.

"넌 네 엄마와 내가 4년 동안 잔치나 하라고 수업료를 대주는 줄 알아?"

그의 목소리에 날이 서 있었다.

"그런 말씀이 아니란 거 아시잖아요."

밥이 똑바로 앉아 아버지를 향해 멋쩍은 웃음을 보냈다. 해리가 한숨을 섞어서 말했다.

"아마 너한테도 최선의 의도가 있겠지. 그렇지만 나로서는 그걸 밝혀내기가 무척 힘들구나. 설명을 좀 해주겠냐?"

"글쎄요, 전 공부도 잘하고 싶고 대학 생활을 즐기고도 싶어요. 제가 너무 무리한 욕심을 부리는 건가요?"

"전공을 바꾸면 성공적인 대학 생활에 도움이 되겠어? 아니면 그저 편하고 싶어서 그러는 거냐?"

"그건 아니에요. 최소한 2.5학점은 딸 수 있을 것 같고 생활도 즐길 수 있을 거 같아요."

"진심으로 역사학이 좋은 거냐?"

"네, 괜찮은 것 같아요."

밥의 시선이 텔레비전으로 되돌아갔다.

"그 분야에서 경력을 쌓아갈 생각이 있어?"

해리는 밥이 앉아 있는 소파 쪽으로 걸어갔고, 그의 목소리가 점점 추궁으로 변해갔다.

"그렇게 깊은 생각까지는 해보지 않았어요, 아버지."

해리의 목소리가 냉정하게 이어졌다.

"한번 생각해봐라. 그럴 만한 때도 됐으니까. 나한테서 학비 지원을 바란다면 내가 투자한 돈이 그 값어치를 한다는 걸 확인하고 싶다. 너의 학업에서 내 돈 값은 뽑고 싶으니까."

그 말과 함께 해리는 급히 방을 나섰다.

"산보할 시간이군."

그가 중얼거렸다. 잠시 후 '쾅' 하는 현관문 소리와 함께 해리는 집을 떠났다.

셀레나가 말했다.

"정말로 밥에게 실망하셨군요, 그렇죠?"

"그 녀석 문제로 늘 하는 소리죠. 잠재력은 많지만 결심이 약해요. 노력 같은 노력을 안 합니다. 마음만 먹으면 학점 3.0 정도는 쉽게 받을 수 있어요. 그 녀석 노력이 부족한 걸 몇 년이나 참아 왔는데, 이젠 신물이 납니다."

"그 아이한테 큰 기대를 걸었는데, 충족시켜주지를 못했군요."

해리가 고개를 저으며 말을 계속했다.

"그런 기대를 할 만한 권리가 저한텐 얼마든지 있었습니다. 그런데 내가 산보를 하는 사이에 녀석은 엄마한테 다음 학기 수업료를 타내려고 달콤한 소리를 해서는 자기편으로 끌어들일 겁니다. 내가 집으로 돌아갈 무렵이면 녀석은 늘 하는 식으로 공부를 좀 더 열심히 안 것에 대해 용서를 빌겠죠. 하지만 내년에도 똑같은 성적을 가지고 집에 돌아와서 지금과 같은 핑계만 늘어놓을 게 뻔합니다. 두고 보세요."

"당신과 밥, 두 사람이 꼼짝 못할 궁지에 몰려서 빠져나갈 길을 못 찾는 것 같군요."

"그래서 더 화가 나기 전에 집을 나선 겁니다. 녀석한테 성질을 부리고 싶진 않거든요. 하지만 녀석이 우리 회사 직원인데 그런 식으로 일을 한다면 가만 두지 않겠습니다. 기본만 했으면 좋겠다는 거죠. 내 체면이라는 게 있잖아요. 자식을 해고시킬 수는 없는 노릇인데 기본도 못하면 다른 직원들이 뭐라고 하겠습니까?"

셀레나가 부드럽게 말했다.

"아드님이 그렇게 쓸모없는 존재일까요?"

"그렇진 않아요."

해리가 손을 호주머니에 밀어 넣으며 가슴속에 있는 말을 했다.

"그 애를 사랑합니다. 내 혈육인 걸요. 그런데도 망할 녀석, 재능과 인생을 낭비하는 꼴을 보면 울화통이 납니다."

"당신이 밥을 사랑하고 이렇게 아끼고 있다는 걸 그 아이도 알까요?"

해리가 홧김에 짜증을 냈다.

"그 녀석 머릿속을 누가 알겠어요? 녀석은 분명히 이 애비를 수업료 생성기 정도로 보겠죠."

해리의 짜증에도 그녀의 목소리는 부드러웠다.

"이제 제5원칙을 검토할 때가 된 것 같아요. 기억나세요?"

"지금은 아무 기억도 안 납니다."

해리의 목소리는 밥에 대한 낙담으로 가득했다.

"제5원칙은 사람들이 당신을 쳐다볼 때 소리 없이 말한다는 거죠.

바로 '저에게 숨겨진 장점을 인정해주십시오' 입니다."

해리는 잠자코 횡단보도를 건너기만 할 뿐 한동안 말이 없다가 입을 열었다.

"그 원칙이 저하고 밥의 일에 무슨 상관이 있습니까? 어떤 관계가 있는지를 모르겠습니다. 인정해줄 게 아무것도 없는데 무슨 장점을 어떻게 인정하라는 거죠?"

"해리, 지금은 아드님의 학점 문제에 너무 집착해 있어서 다른 게 눈에 보이지 않은 거예요."

"다른 어떤 것을 보라는 거죠?"

"생각의 차원을 바꿔보세요. 지금 남을 비판하고 싶은 마음을 벗어나서 밥을 따뜻한 마음으로 봐주세요. 당신의 마음속에 아드님의 귀한 점, 미지의 잠재력을 한번 비춰보세요. 그가 '잘못한 일' 이 아니라 '할 수 있는' 일을 보세요. 밥의 장래에 큰 꿈을 키워왔던 시절을 기억하세요?"

셀레나가 옆에 있다는 사실이 해리에게 안도감을 주었다. 해리의 싸늘하게 얼었던 감정이 조금씩 녹기 시작했다. 그러나 목소리에는 아직도 실망의 여운을 띤 채 대답했다.

"기억하죠. 밥이 태어난 이후로 저한텐 꿈이 있었어요. 그 아이가 큰일을 이루는 걸 상상하곤 했죠. 얼굴도 잘생기고 운동도 잘하고 두뇌 회전도 빠르고 해서 사람들이 좋아했죠. 외향적인 아이였고 마음먹은 일은 다 해냈어요."

"밥이 지닌 독창적인 면을 생각하거나 상상해보셨어요? 남들하고는 조금도 닮지 않은 점 말이에요. 아이가 세상에 기여할 만한 일이 무엇일까 생각한 적 있나요?"

해리는 대화가 어떤 길로 들어설지 몰라 얼떨결에 대답했다.

"예. 그 아인 마음만 먹으면 사업가나 법률가, 경영자로서 두각을 드러낼 자질이 있어요. 몰리에게 항상 그렇게 이야기해왔죠. 아내 옆에 서서 밥에게 미소를 지으며 자주 이런 말을 했었습니다. '우리 아들이 언젠가는 큰일을 해낼 거야' 라고."

"자, 제 이야기를 들어보세요. 밥은 당신이 자기를 그렇게 높이 평가하는 줄 모르고 있을 거예요. 밥이 대학에 입학한 이래 당신과 나눈 개인적인 대화를 되새겨보면 당신이 아드님의 숨은 장점을 지금처럼 인정해준 일은 그다지 많지 않을 겁니다."

"성적이 나쁘다고 나무라는 걸로 대부분을 보냈죠."

"이번 원칙은 성적에 관한 것이 아니고 잠재 능력에 관한 겁니다. 잠재 능력이란 아직 충분히 드러나지 않은 걸 의미하죠. 숨어 있는 장점에 관한 거예요. 아직까지 밖으로 불러내지 않은, 밥 내부에 있는 그 무엇입니다."

"미지의 잠재력인가요?"

해리에게 마음속 분노와 슬픔의 아우성 너머로 셀레나의 조언이 들

려왔다.

"맞아요. 밥에게 퍼붓지만 말고, 그가 자신을 높이 평가하도록 도와주는 방법을 찾아볼 필요가 있어요. 자기 자신에 대한 믿음을 불러일으켜서 자기 잠재 능력을 최대한 살릴 수 있도록 해줘야 해요. '아버지가 진정으로 원하고 있구나', '그런 자기를 아버지가 믿고 있구나' 하는 생각을 하게 되면 아마 대학 생활을 할 때 사명의식을 갖고 성공에 필요한 노력을 기울일 거예요. 모든 사람은 자기만의 장점이 있고 그 장점은 남이 인정해주기를 기다리고 있으니까요."

해리가 끼어들며 말했다.

"그런데 당신이 장점이라고 하는 게 뭘 뜻하는지 모르겠습니다. 그런 말은 몇몇 선택된 부류의 사람들을 표현할 때만 써왔거든요. 저한테 그런 장점이 없는 건 분명해요."

"아니오. 당신한테도 다른 사람에게도 남다른 장점은 있어요. 그러나 대부분의 사람에게는 써먹지 못한 잠재력으로 남아 있죠. 사람들이 지니고 있으면서도 그런 줄 모르고 있는 잠재 능력을 말씀드리는 거예요. 지난날 당신과 일한 사람들을 되돌아볼 때 더욱 큰 업적을 남길 수 있을 것으로 알았는데 무슨 이유에선지 그러지 못하고 그만둔 사람들 기억나세요?"

"예. 그래서 늘 좌절감을 느껴왔습니다. 사람들의 성격 파악에는 소질이 있다고 자신해왔는데 몇몇 사람은 돈을 들여 키워주려고 해도 기대에 미흡했던 경우가 있었죠. 밥도 그러지 않을까 염려됩니다. 자기 잠재력에 결코 못 미치고 마는 게 아닌가 싶어서요."

"밥 스스로는 어떤 포부를 갖고 있을까요?"

"저한테 그런 이야기를 별로 안 합니다. 정말 모르겠어요. 아마 아무런 포부가 없을지도 모릅니다."

"남이 자신의 숨은 장점을 지적해줘야 하는 사람도 더러 있어요. 당신도 처음엔 그랬던 게 아닐까요?"

"무슨 뜻이지요?"

"라모코에 처음 출근했던 때를 생각해보세요. 처음 만난 상사 기억나세요?"

"아, 어떻게 잊겠습니까."

해리의 얼굴에 미소가 떠올랐다. 그가 말을 이었다.

"휴 파월이란 분이었죠. 내가 만난 훌륭한 사람 중 한 분이었고요. 난 지금도 가끔 그 분 생각을 합니다. 가까이 계시면 종종 뵈었을 텐데 하고 바라죠."

"당신이 너무 낙심한 나머지 라모코를 그만두려고 했던 때 기억나세요?"

해리가 고개를 끄덕이며 말했다.

"처음 승진을 했을 때였습니다."

그녀는 오래전 일을 바로 어제 일처럼 설명했다.

"새로 관리자가 된 당신을 맞이하는 부하직원들의 태도에 다소 열의가 부족했었죠. 승진에서 누락된 고참 직원 몇 명은 당신한테 앙심을 품고 기회 있을 때마다 실무 경험 부족을 꼬집었고요."

해리가 당시 고참들한테서 받은 고통을 되새기며 대답했다.

"기억납니다. 참 힘들었던 때였죠. 그때는 너무나 큰 분노와 좌절감을 느꼈어요. 어떻게 해야 내가 정한 목표를 향해 직원들을 이끌어 가야 할지 모르겠더군요. 무슨 말, 무슨 짓을 해도 먹혀들지 않았어요. 내 인생에 첫 번째 큰 패배가 찾아온 거라고 생각했어요. 실패의 두려움 때문에 온몸이 마비될 뻔하고 정신도 거의 잃을 정도였죠."

"그런데 당신을 본래의 궤도로 다시 올려준 사람이 바로 휴 파월이었죠. 그때 그에게서 들은 이야기 기억나세요?"

"내가 마음을 집중할 수 있도록 해주셨습니다. 내 자신의 장점과 단점을 직시할 수 있도록 도와주셨지요. 그런 다음 내가 영원히 잊을 수 없는 말을 하셨어요. '해리, 자넨 재능이 엄청난 친구야. 예상컨대 이 회사에서 가장 영향력 있는 인물이 될 걸세. 자네 자신을 믿는 용기만 있으면 돼' 하고 말입니다."

셀레나의 목소리가 높아졌다.

"바로 그거예요! 그게 바로 제5원칙을 적용한 단적인 예입니다. 아시겠어요? 휴 파월은 마음으로 하는 경영의 전문가였어요."

"그날 그 분의 말씀을 듣고 난 뒤 내 스스로가 거인이 된 기분이었습니다. 그리고 세월이 흐르는 동안 계속해서 그 말씀을 가슴속에 새겼지요."

"휴가 당신의 장점을 인정해준 거니까요. 당신 어디엔가 숨어 있는 장점을 그가 찾아낸 거예요. 그의 그러한 재능을 당신도 다른 이에게 물려줄 기회를 여러 번 가졌었죠. 그런데 무슨 까닭에서인지 당신은 그 기회를 살리지 못했어요."

"난 그런 기억이 잘 나지 않는데요."

"인사부장 승진 후보 중 한 사람이었던 조 매렉 씨의 이야기입니다."

"아, 기억납니다. 데니스 윙이라는 예리하고 유능한 친구한테 밀려났죠. 데니스가 가장 적임이라고 느꼈고 인사 결재를 할 때 조에게도 그렇게 말해줬습니다. 아주 솔직하게 다 까놓았어요."

셀레나가 해리의 말에 공감하면서 말했다.

"그랬어요. 하지만 당신이 모르는 사실이 하나 있는데 그는 승진에서 빠진 일로 너무 참담한 기분에 빠졌지요."

"하지만 인사 문제란 게 그런 거잖아요. 채울 자릿수보다 사람이 항상 더 많으니까요. 그런 어려운 결정을 내려야 하는 게 내 일이죠. 저도 나쁜 소식을 전달하는 건 싫습니다."

"그건 분명히 그럴 거예요. 그리고 그에게 당신이 좋은 평가를 하고 있다는 것도 알아요. 다만 조 본인이 모르고 있으니까 문제죠. 승진 인사가 있었을 당시 당신이 했어야 할 일은, 휴가 당신을 두고 그랬던 것처럼 그에게 발견한 장점과 잠재력을 인정해주는 거였어요. 그때 당신이 그걸 해주었더라면 조가 인사 결과를 받아들이는 데 큰 도움은 안 되었겠지만, 계속 열심히 성장해서 추후 승진 기회가 올 때를 대비하는 데 영양소가 되었을 거예요."

"당신 말씀이 옳은 것 같습니다. 저도 조를 좋아했고 그가 성공하기를 바랐죠. 라모코를 위해서 바칠 재능이 많은 사람이었습니다."

그리고는 아쉬움이 배어 있는 목소리로 말했다.

"사실 그 친구를 보면 제가 젊었을 때 생각이 많이 났거든요."

"조와 같은 사람들은 누구나 자신들한테 잠재적인 장점이 있기를 바랍니다. 그들은 이 희망을 마치 한 그루 나무인 양 가슴에 심고 다니죠. 누군가가 그걸 보고 인정해주면, 그건 마치 그 나무에 물을 주어 자라나게 하는 것과 마찬가지입니다. 다른 사람 내면의 장점을 인정해주는 것은 그들에게 용기와 힘을 주는 거예요. 그래서 그들은 더 바른 자세를 취하고 더 당당하게 걸을 수 있게 됩니다."

해리가 고개를 끄덕였다. 셀레나가 말했다.

"자, 그럼 이제 장점을 인정한다는 말의 뜻을 아시겠죠?"

"예, 압니다. 옳은 말씀이에요."

"좋아요, 해리. 당신이 대견해요."

"그런데 밥에게 정말 그렇게 할 수 있을지는 모르겠어요. 오늘밤에 말입니다. 아직도 난 화가 안 풀렸거든요."

"그건 괜찮아요. 밥도 그건 이해할 거예요. 아마 스스로도 자기 자신한테 분노와 실망을 느끼고 있을지 몰라요. 당신이 그런 분노를 느낀다고 해서 그 애가 놀라지는 않을 거예요. 사실 당신이 화가 안 났다면 더 이상하게 생각하겠죠."

"어느새 꽃집까지 왔군요. 잠깐 들어가서 몰리한테 줄 장미를 사야겠어요. 아내가 장미꽃을 무척 좋아해요."

1시간 전 해리가 말없이 집을 나섰을 때, 집안에는 긴장감이 계속 남아 있었다. 몰리도 한바탕 폭풍이 일어날 걸 알았다. 그녀와 밥은 거실에 앉아 대학 수업료 문제를 의논하면서 해리가 돌아오기를 기다리고 있었다. 밥이 엄마에게 애원했다.

"엄마가 좀 도와주세요. 아버지 나가실 때 보니까 분위기가 장난이 아니었어요."

아들의 걱정과는 다르게 몰리가 웃으면서 말했다.

"네 학점 때문에 그런 걸 엄마가 어쩌겠니."

"2.25 정도면 아주 못한 것도 아니에요."

몰리가 아들을 바라보며 고개를 흔들었다.

"학점 자체가 문제의 핵심이 아니야, 밥. 중요한 건 약속이야. 우리 셋이 수업료와 학점에 관해 합의를 했지? 그런데 넌 그 합의 약속을 지키지 않았어. 아빠와 엄마한테는 네가 약속한 사항이 중요한 거야.

엄마가 부동산 중개 일을 하다 보면 약속을 지키는 것이 모든 일의 기본임을 자주 느끼는데 너도 그걸 알아야 해."

"올해는 정말 달라질 거예요. 그러니 아빠가 돌아오시면 엄마가 좀 도와주세요."

"지난번에도 약속을 지키지 못하고선 수업료를 부쳐달라고 엄마한테 애원했지?"

그러자 밥이 확신에 찬 눈빛으로 말했다.

"이번엔 정말 달라요."

"그런 말은 지난 학기에도 했어. 그래서 아빠한테 알리지도 않고 송금했다가 홍역을 치렀잖아."

"교수님 몇 분이 학점을 너무 짜게 주셔서 실력만큼 못 받은 거라니까요."

"네가 약속을 지키지 않은 건 사실이고, 그 때문에 우린 실망했어."

"다른 일들이 생겨서 그래요, 엄마."

"그야 그랬겠지. 하지만 그건 누구한테나 마찬가지야. 문제는 어느 일이 우선이냐 하는 거지."

"대학 생활은 제게 중요해요, 엄마. 그러니까 아빠한테 수업료를 내주시라고 해주세요."

몰리는 팔을 뻗어 아들의 머리를 쓰다듬으면서 말했다.

"난 널 사랑한다. 네가 잘하기를 바라고 있어. 이번엔 너 혼자서 아빠하고 이야기해봐. 혼자 힘으로 아빠를 감당해보란 말이야."

"하지만 엄마, 기댈 데라곤 엄마밖에 없어요."

"아빠를 잘 설득하면 기회를 얻을 수 있을 거야."

"아빠 화나면 어떤 줄 아시잖아요."

"네가 아빠 대하기를 겁내는 건 이해해. 그 점은 내가 누구보다 잘 알지. 하지만 아빠가 널 사랑한다는 건 너도 알지?"

"절 그냥 내버려두시겠다는 말씀이에요?"

"내 말은 아빠가 널 사랑하고, 네가 가장 잘되기를 아빠도 바라고 계신다는 점이야. 지금으로선 그런 생각이 들진 않겠지. 아빠가 산책에서 돌아오시면 어떤 기분일지 아무도 몰라."

밥이 고개를 숙였다.

"그래요. 틀림없이 제 머리를 후려갈기고 싶으시겠죠."

그때 현관문 열리는 소리가 나자 두 사람은 깜짝 놀라면서 불안한 걸음으로 거실로 향했다. 그리고는 앞으로 일이 어떻게 될까 하고 말없이 서 있었다.

"여보, 장미꽃 사왔어!"

해리가 미소를 머금은 채 외치고는 등 뒤에 감춰두었던 꽃다발을 내보였다. 남편의 행동에 놀란 몰리는 앞으로 다가가 꽃을 받아들면서 말했다.

"정말 자상도 하세요."

"가족을 위해 헌신하는 당신의 한결같은 마음에 비하면 아무것도 아니지. 아무리 꽃을 많이 선물해도 부족하기만 해."

1시간 전만 해도 성질을 못 이겨 집을 나가버린 사람이 할 말이라고는 믿을 수 없는, 전혀 예상 밖의 행동이었다. 몰리가 가까이 다가가 남편의 뺨에 입을 맞췄다.

"고마워요. 당신이 그렇게 말해주시니."

그녀는 그러면서 밥을 쳐다봤다.

"여보, 밥의 수업료 문제 아직 결말을 못 봤어요."

그러자 해리가 몰리의 눈을 들여다보며 말했다.

"그렇지. 그런데 먼저 밥하고 사나이 대 사나이로 이야기를 좀 할 게 있어. 수업료 문제보다 더 중요한 거지."

밥은 그게 무엇일지 상상할 수도 없었다.

해리와 밥은 거실에 마주 앉았다.

밥은 아직도 뭐가 뭔지 몰라서, 적어도 아버지의 심중이 어떤지 알 수 있을 때까지 잠자코 듣기만 하겠다고 마음먹었다. 해리가 조용히 말을 꺼냈다.

"아까 내가 산보를 하러 나간 이유는, 너의 2.25학점이 나로서는 아무렇지도 않다는 말을 하기 싫어서였어."

밥이 스스로를 변명하고 싶은 초조감에서 말했다.

"하지만 아버지, 지난 학기에도 똑같았지만 수업료를 내주셨잖아요. 그런데 지금은 왜 안 되는 거죠?"

"다시 한번 말하지만, 2.25는 안 돼."

그는 밥의 눈을 바라보며 어딘가 모를 슬픈 말투로 덧붙였다.

"너도 그렇게 생각해주었으면 좋겠다."

그리고는 잠깐 쉬었다가 말을 계속했다.

"네 낮은 학점보다 더 중요한 사실은, 성적이 저조한데도 네가 아무렇지 않게 생각하는 그 태도야. 아버지는 그게 더 심각한 문제다."

"아버지, 성적이 전부는 아니잖아요."

"그 말은 맞아. 그렇지만 다른 문제점의 징조가 될 수는 있어."

밥은 말이 없었다. 해리가 계속했다.

"너를 보면 훌륭한 사람이 될 잠재력이 보여. 너는 두뇌가 총명해. 하지만 대학 생활을 보면 네가 '한쪽 손을 등 뒤에 묶은 것처럼 하고 있지 않나' 하는 생각이 든다. 정말 온힘을 다하고 있는 것 같지 않아. 아버지하고 뒷마당에서 농구 시합하던 거 기억나니?"

밥이 고개를 끄덕였다.

"넌 나한테서 공을 뺏으려고 모든 힘을 다했어. 리바운드된 공을

잡으려고 늙은 애비의 갈비뼈에다 팔꿈치를 밀어붙이기도 했다. 나한테 이기려고 한시도 쉬지 않고 점프 슛 연습을 했다지? 나는 그런 노력에 관해서 이야기하고 싶은 거야. '공부를 하는 데도 그런 노력을 해주겠지' 하고 아버지는 눈여겨보고 있는 거란다. 네가 멋진 성품을 지녔다는 건 알고 있어. 농구 시합을 하면서 보여준 정도의 노력을 대학 생활에서도 보여준다면, 지금 수업료 이야기는 따질 필요도 없는 거야."

"제가 정말 학점을 잘 받을 수 있을 거라고 생각하세요?"

그 말을 듣자 해리는 어안이 벙벙했다. 해리 자신은 아들의 잠재력을 매우 높이 사고 있다고 생각했지만 밥은 그 사실을 모르고 있다는 것을 알게 된 것이다. 해리는 밥이 알지 못한 가슴속 이야기를 하기 시작했다.

"그럼, 그렇게 생각하지. 네 엄마와 나는 네가 우리 집안의 총아라는 말을 늘 했단다. 넌 반드시 훌륭한 사람이 될 거야. 네가 그렇게 되는 데 필요한 잠재력은 이미 네 안에 숨겨져 있어."

"이번 학기 학점이 낮은 건 정말 죄송해요, 아버지."

"나도 같은 생각이야. 네가 한번 밀어붙일 능력이 있다는 걸 알기 때문에 더 그래. 1등을 기대하진 않아. 최선을 다해주길 바랄 뿐이야. 지난 두 학기 동안 최선을 다하지 않았다는 건 수긍하지?"

"네, 아버지. 이번 학기엔 최선을 다하겠어요. 약속해요."

"잘 생각했어, 밥. 아버지는 네 말을 온전히 믿겠어. 그리고 네가 그 약속을 지키는 데 어떤 도움이라도 줄 거야."

"고마워요, 아버지."

밥은 생각했다.

'이쯤 해서 아버지가 수업료 이야기를 하시겠지? 부쳐주시겠다고 말이야.'

그러나 해리는 아직 아들의 장점을 인정하는 본론에 이르지 않고 있었다.

"밥, 네가 방금 한 약속은 나한테 중요한 거지만, 네 자신한테 그 약속을 하는 게 더 중요해. 왜냐하면 이번 학기에 네가 열심히 하면 다음 학기의 수업료를 나한테서 벌게 되니까."

밥으로서는 아버지의 이 말이 서로 다른 의미로 들렸다.

"그럼 이번 학기 수업료 내주실 거죠?"

해리는 아들이 자기 말의 참뜻을 모르고 아직도 '어떻게 해야 아버지한테서 수업료를 타내지' 하는 숨바꼭질을 하고 있다는 걸 알았다.

"난 네 편이야, 밥. 네가 최선을 다해주길 바라고 그 이하는 안 돼. 지금 당장은 학점이 문제가 되어 있긴 해도 그것 때문만은 아니야. 너의 잠재적인 장점을 내가 믿어준다고 해서 열의가 부족한 노력까지 지지하지는 않아. 그러나 더욱 중요한 건 이번 학기만큼은 너한테 숨어 있는 잠재 능력을 십분 발휘하라고 당부하는 이 애비의 말이 진

심이라는 사실이야."

"아버지가 무슨 뜻으로 그런 말씀을 하는지 이해가 안 돼요."

"넌 재능, 기술, 인격, 재치로 빛나는 밝은 별이야. 네가 농구 시합에서 나를 이기려고 쏟았던 노력과 결심으로 공부를 하기 시작하면 얼마 안 가서 성적은 2.5를 훨씬 넘어설 거야. 그러나 난 네가 너 '자신'을 위해서 그렇게 해주었으면 좋겠다. 이 문제에서 네 스스로 책임져주기를 원하는 거야. 네가 2.5나 그 이상의 학점을 받아오면 수업료는 내 부담이야. 그건 내가 기꺼이 해주지. 금전적으로 너를 돕는 걸 난 자랑으로 여길 거야."

밥은 편하지 못한 몸짓으로 소파 위에서 뒤척였다. 지금 듣고 있는 말의 내용과 전달 방식은 전혀 아버지답지 않게 완전히 딴판이었다. 방 안이 너무도 조용해서 시계 바늘이 째깍거리는 소리까지 두 사람 귀에 들릴 정도였다. 밥이 무겁게 입을 열었다.

"아까 농구 이야긴 맞는 말씀이에요, 아버지. 하지만 수업료 낼 돈을 어디에서 구하죠?"

아들의 잠재적 장점을 계속 염두에 두면서 해리가 말했다.

"밥, 나는 너를 믿어. 네 자신을 믿는 용기만 있으면 돼."

이 말, 오래 전에 휴 파월이 그에게 들려주었던 바로 '이 말이 정말 옳구나' 하는 생각에 해리 자신도 놀랐다. 해리의 이야기를 들은 밥의 입이 놀라움으로 벌어졌다.

"정말 저한테 한 푼도 내놓지 않겠다는 말씀이세요?"

"밥, 돈 문제가 걱정이 되면 몇 가지 길은 있지. 예를 들어 수업을 다 받으면서 일을 할 수도 있고, 학교를 절반만 다니고 나머지 시간에 일을 할 수도 있어. 학자금 대출을 신청할 수도 있고, 아니면 1년 동안 일만 하고 나중에 복학할 수도 있어. 내 기억으로는 넌 저축한 돈도 좀 있지. 너의 재능과 두뇌 그리고 힘을 기울여 수업료를 내는 데 필요한 돈을 만들어내길 기대한다."

해리는 두 손을 포갠 채 머리를 앞으로 숙이고 있는 밥을 보며, 이 아이가 겉으로는 뉘우치는 자세지만 하트웰 집안의 피를 타고난 사람답게 약간의 분노심도 느끼고 있을 거라고 짐작했다. 해리가 차근차근 설명했다.

"내가 지원을 못해주는 데 대해 지금 당장은 분하게 생각하겠지만, 아버지는 네 편임을 잊지 말거라. 내가 두 손을 들고 '에이, 모르겠다. 뭐가 되던 수업료는 내주지' 하고 항복을 하면 그건 나나 너에게 진실하지 못한 행동이야. 내가 할 일은 오직 하나, 너를 믿는 거야. 네 자신이 누구이며 네가 인생에서 무슨 업적을 남길 것인지에 대해 자부심을 가졌으면 좋겠다. 아버지는 평범한 실적 따위엔 지원을 하지 않을 거야. 왜냐하면 네가 좀 더 많은 걸 할 수 있다는 사실을 내가 알고 있으니까."

밥은 여전히 침묵을 지켰다. 새 학기 동안 대학에 남아 있기 위해서 일을 해야 한다니, 화도 나고 혼란스럽기도 했다. 다른 한편으로 보면 아버지가 자기를 사랑하고 이토록 믿어주시니 자랑스러운 생각도 들었다. 마침내 밥은 고개를 들어 아버지와 눈을 마주쳤다.

"제가 아버지와 어머니하고 약속을 해놓고 지키지 못한 것 알아요. 그게 중요한 문제잖아요, 그렇죠?"

해리가 고개를 끄덕이며 미소를 지었으나 안쓰러운 마음은 들었다.

"이번 학기 수업료를 내주실 마음은 없는 거고요."

"그래, 네 어머니와 난 약속을 배반할 생각은 없어."

"안 된다는 말씀이 되겠군요."

해리가 아들에게 손을 뻗었다. 밥은 아버지의 손을 잠깐 바라보다가 자기 손을 내밀어 잡았다.

"그럼 전 일단 기숙사로 돌아가서 일자리를 알아볼 게요."

"밥, 떠나기 전에 어머니한테 말씀드려. 이제부터 네 인생은 스스로 책임진다고."

며칠 뒤 해리가 출근하자 제5원칙을 실천할 기회가 또 한 번 기다리고 있었다. 구매부장인 헥터 모릴레스가 실의에 빠진 표정으로 해리

의 사무실 문을 두드렸다. 그는 안으로 들어서자 해리의 책상 쪽으로 건너가 말없이 사직서를 제출했다. 해리가 그를 올려다보며 물었다.

"이게 뭔가?"

헥터는 아무 말도 없이 어깨를 축 늘어뜨린 채 그대로 서 있었다. 그는 몇 달 전 해리의 결재를 받고 상당한 물량의 사우디 원유를 사들였다.

하지만 값이 오르기는커녕 계속 내려갔다. 현 시가를 훨씬 웃도는 값으로 역사에 남을 만한 재고량을 확보한 데 대해 헥터는 무척 당황하고 실망스러워했다.

이는 전적으로 자신의 잘못이었다. 자부심이 강한 사람으로선 견디기 힘든 마음의 부담이었기 때문에, 결국 라모코에서 사라지는 것만이 자신이 할 수 있는 유일한 일이라고 결심했다. 해리는 헥터의 사직서를 읽어본 뒤 고개를 들어 그를 바라보았다.

"그래, 자네가 강력하게 제안해서 실행한 원유 구입 건이 결국 이렇게 되었지. 자네는 가격 추이를 감지했고, 나도 그걸 믿고 결재를 해줬네. 하지만 결과적으로 자네 예측은 지나치게 정확했어. 가격이 그후로도 계속 내려갔으니까. 그래서 우리가 과다 물량을 떠맡는 입장이 됐지. 그래서 자넨 자신의 예측이 빗나간 데 굴욕감을 느끼고 지금 나에게 사직서를 냈어. 맞나?"

"예, 사장님. 제가 돌이킬 수 없는 잘못을 해버렸습니다."

해리가 사표를 찢으면서 말했다.

“자네 사표는 수리하지 않겠네. 이리와 앉게.”

일요일 시합에 지고 난 뒤 월요일에 비디오테이프로 내용을 재검토하는 축구팀의 코치 마냥 해리가 자리에 앉았다. 헥터가 따라 앉자 말을 시작했다.

“이봐, 헥터. 우선 누가 나에게 천만금을 준다 해도 난 자네를 경쟁회사에 넘겨주지 않겠어. 자네가 너무 소중하니까. 게다가 이번 실수에 자네만 책임이 있는 건 아냐. 내가 결재를 했잖아. 더욱 중요한 사실은 자네가 가격 하락을 처음으로 알아챈 사람이라는 점이야. 그건 잘한 일이라고. 어느 누구보다도 먼저 석유 가격의 하락 추세를 감지해냈어. 자네의 판단이 어느 정도로 정확할지 그걸 몰랐을 뿐이야. 그리고 헥터, 사우디가 처음 가격 인하 이후에 계속 덤핑으로 나온 건 자네 책임이 아닐세.”

“하지만 제가 지나치게 많은 물량 확보에 나섰어요. 유능한 구매 담당은 융통성을 부릴 여지를 남겨둬야 하는데 전 그러지 못했습니다.”

“헥터, 난 자네를 구매의 천재로 알고 있네. 자넨 늘 최상의 거래 조건을 따오지 않았나. 앞날의 냄새를 맡는 데 탁월해. 이번 한 번은 어쩌다가 운이 나빴던 거야.”

“그래도 정말 제 과실이 컸어요. 가격 변동을 신속하게 파악하지 못했어요. 절 용서하시면 안 됩니다."

"헥터, 자네가 신이 아닌 건 자네 잘못이 아니야. 다만 자네가 회사로 하여금 너무 빠른 시기에 너무 많은 원유를 사들이도록 결단한 것에 대해 용서를 바란다면 내가 용서해주겠네."

비로소 헥터의 얼굴에 웃음기가 돌았다. 그의 미소를 보며 해리가 덧붙였다.

"장기적으로 볼 때, 다른 곳에 비해 우리가 불리한 건 없어."

"정말입니까, 사장님?"

"자넨 장점이 많은 사람이야. 더욱이 아직 젊으니 앞으로 더 큰일을 해낼 수 있을 거야."

"사장님이 저를 이렇게까지 생각해주시는 줄은 정말 몰랐습니다. 라모코에서 저는 이제 끝장이구나 생각했어요. 용서해주시니 감사하고 죄송하고 그렇습니다. 정말 죄송해요."

해리가 헥터의 어깨를 토닥이며 말했다.

"괜찮아, 헥터. 그런 일은 언제라도 있을 수 있는 거야."

그리고는 헥터를 그윽히 바라보며 다정하게 문쪽으로 밀고가면서 웃음을 섞어 말했다.

"자, 근무 개시!"

헥터가 떠나자 해리는 셀레나에게 말했다.

"하마터면 인재를 놓칠 뻔했습니다. 아슬아슬했어요."

"그가 당신과 회사에 얼마나 소중한 존재인지 정말 잘 이야기했어요, 해리."

"사실이니까요. 그래서 확실하게 말해줬죠. 그렇게 하고 나니 제가 다 개운합니다. 헥터가 오늘 우리 회사를 떠났더라면, 경쟁사에서 얼른 낚아채갔을 겁니다."

"당신이 그의 장점을 인정해준 덕분에 그는 희망찬 모습으로 사무실을 나갔죠."

"제가 그에게 얼마나 고마움을 느끼는지 사실 그대로만 말해줬죠. 비록 이번에 실수는 했지만 그만한 인재도 없습니다."

"해리, 이번 원칙은 제대로 배운 것 같아요. 오늘은 내 도움 없이도 해냈죠."

"이제, 다음 과제는 뭔가요?"

셀레나가 대답했다.

"최종시험이 남았다고 해둘까요. 당신은 마음으로 하는 경영의 다섯 원칙을 모두 익혔어요. 저한테 입증했죠. 그리고 원칙의 실행에 실패할 때마다 24시간 안에 시정했고요."

해리가 환한 웃음을 보였다. 그녀가 말을 이었다.

"이제 최종시험을 치를 것입니다. 다섯 가지 원칙 전부를 한 자리에서 단 한 사람을 상대로 활용해보는 거예요. 시험에 성공하면 당신은 자유입니다. 재량권 시계는 멈춰지고, 더 이상 시험은 없어요. 그리고 나도 필요 없어져요. 혼자서 다시 해나가는 거예요. 당신의 인생을 책임질 사람은 당신 자신뿐입니다. 그렇게 되면 당신 자신과 다른 사람들을 어떻게 경영할 것인지 혼자서 결정해나가야 해요."

6개월 전만 해도 이 여인이 자신의 곁을 떠난다는 게 해리가 가장 듣고 싶은 말이었지만, 지금은 왠지 그녀의 말이 서글프게 들렸다.

## 해리의 마지막 시험

밤새 내린 비로 길이 미끄러워 월요일 아침 출근하는 사람들의 발걸음이 무거웠다. 하지만 해리 하트웰은 날씨에도, 출근길 교통 혼잡에도 신경 쓰지 않았다. 그의 관심은 오늘 있을 이사회 회의에 집중되어 있었다. 그의 경력에 중요한 의미를 지닌 회의였다.

본사 건물로 차를 몰면서 라모코에서의 지난 세월을 돌이켜 생각해 보았다. 그때 그는 대학을 갓 졸업했고, 지금의 밥보다 몇 살 위였다.

처음 맡은 일은 공정 관리였다. 그것을 출발점으로 재료 분쇄 감독, 작업반장, 정유공장 부사장, 그리고 3년 전에는 현재의 사장직으로 차례차례 승진해왔다. 자회사에서는 가장 높은 위치까지 올라온 셈이다.

오늘 회의는 해리가 꿈꿔온 기회였다. 미국 전역을 책임지는 본사의 대표이사 루돌프 개리트가 최근에 사임 일자를 공표했고, 라모코 그룹의 총회장 로런스 배브콕 2세가 개리트의 후임을 발표할 예정이었다. 이 자리에서 해리가 좋은 인상을 주면 자신이 후임이 되는 것도 불가능한 일은 아니었다.

해리는 미국 전역을 관장하는 이 요직을 두고 자신과 경쟁하는 사람은 칼 해리스뿐이라고 생각했다. 적어도 소문으로는 그랬다. 그러나 칼 해리스가 그 자리를 원하는지 아닌지 확실치는 않았다. 칼이란 사람은 자신의 속내를 잘 드러내지 않는 성격이다.

본사의 재정 담당 이사인 칼은 해리의 공장에서 동네 하나만큼 멀리 떨어진 본사에 사무실을 두고 있다. 로런스 회장의 사무실과는 불과 방 한 칸 거리다. 해리가 회장 앞에 얼굴을 내밀 기회가 거의 없는 반면, 칼은 마음만 먹으면 회장에게 갈 수 있었다. 하지만 칼은 이번 대표이사직을 원한다는 걸 한 번도 공개적으로 말한 적은 없다.

"라모코의 자금만 주무르고 있으면 되는 사람인데."

해리가 잘 쓰는 말이다. 그와 칼은, 부드럽게 표현하자면 썩 가까운 사이는 아니었다. 칼은 해리에게, 또 해리가 보기에 다른 사람들에게도 속을 내비치지 않았다.

해리는 이번 경쟁에서 투지가 넘쳤다. 오늘이 바로 결승전이다. 진다는 것은 생각하기도 싫었다. 그는 자존심이 강했고, 특히 살아생전의 아버지를 포함해서 모든 사람들이 자신을 그렇게 봐주기를 좋아했다. 해리는 대학에서 미식축구를 했고 라모코에서 아버지 뒤를 이어왔지만, 아버지는 해리의 장점을 한 번도 입에 올린 적이 없었다. 그래서 해리는 항상 그 점에 의문을 느꼈다. 아버지 존 하트웰이 자기를 훌륭한 인물로 봐주었으면 했는데 말이다. 지금 살아계셨더라면 아들을 대견스럽게 여겼을 것이다. 라모코 본사의 대표이사가 된다면.

지난 1년 이상 해리는 에탄올 생산을 위한 소규모 공장을 설립하는 일을 비롯해, 미국 전역의 주유소를 대상으로 납품 계획을 실현하려고 준비해왔다. 그는 목재에서 추출하는 메탄올과는 달리 곡물에서 만드는 에탄올이야말로 차세대 연료라고 믿고 있었다.

지구의 내장 속에서 퍼 올리는 석유의 생산이 줄어들고, 환경운동가들이 유해업체에 압력을 가하는 마당이니 에탄올과 그 응용제품이 상용화되면 라모코가 큰 두각을 나타낼 것이라는 생각이었다. 해리의 제안 대로면 라모코는 한마디로 전혀 새로운 업종에 뛰어드는 셈이 된다. '새 시대 새 연료' 라는 구호까지 그는 고안해놓고 있었다.

그는 이 일을 조심스럽게 다루어왔고, 에탄올 생산 설비 문제는 물론 대규모 판매와 시험 사업 계획을 추진하기 위한 설득력 있는 주장도 준비했다. 오늘 이사회에서 이 행동 계획을 실천에 옮길 수 있는 이사회의 승인을 구할 예정이다. 이 회의에서 공정 기술 개발과 북미

판매 전략이 쉽지 않으리란 건 알고 있었다. 그의 제안은 10시로 예정되어 있는 회의의 세 번째 안건에 포함되어 있었다.

앤 레이니는 벌써 와 있었다. 그녀는 해리가 마지막으로 제안 서류를 검토하기에 알맞은 조용한 사무실을 구해놓았다. 앤이 슬라이드용 필름과 요약문들을 준비했으니 시청각 자료나 배포 자료에 실수는 없을 것이라 확신했다.

해리는 앤이 이번 사업 계획의 연구 과정에 남다른 기여를 해준 데 대해 고마워했다. 메탄올과 에탄올을 두고 농부들은 '동력용 알코올'이란 명칭을 붙였는데, 앤은 이런 대체 연료 알코올에 한결 빛을 더해주었다. 예를 들어 제2차 대전 중 B29 폭격기가 순도 100도의 동력 알코올을 배합한 연료로 비행을 했다든지, 인디애나폴리스 500 자동차 경주에서 일부 경주용 차가 40 또는 75도 순도의 알코올을 엔진에 넣어 썼다든지, 스피드 보트 경기의 세계 기록을 알코올을 써서 세웠다는 등의 이야기였다.

10시 10분 전에 해리는 관련 서류를 챙겨서 사무실을 나가 복도 아래쪽에 있는 이사회 회의장으로 향했다. 몇 사람은 이미 와 있었다. 해리는 재니트 메이슨 박사와 악수를 나눈 뒤 시티즌스 은행 총재 제리 핸퍼드와 잠깐 이야기를 했다. 회장인 로런스 배브콕과도 인사를 나누었다.

10시가 거의 다 되었을 때 칼 해리스가 들어왔다. 흐릿한 푸른 눈

에 밤색 머리카락이 하나도 흐트러지지 않은 모습은, 규율이 엄한 예비 학교의 엄격한 교장 선생님처럼 보였다. 그는 문을 닫고 들어와 아무하고도 악수를 하지 않은 채 자기 자리로 곧장 걸어갔다.

'자기가 회의 책임자라도 되는 듯 굴기는.'

해리는 이렇게 생각하며 울화를 눌렀다. 그는 처음 두 안건에 마음을 집중하는 데 애를 먹었다. 그만큼 자기의 의제에 신경을 곤두세우고 있었던 것이다.

첫 번째 안건은 멕시코만의 해저 유전 시추 시설을 개량하기 위한 5,000만 달러 지출 건이었다. 해리는 이 안건에 지지했다. 그런데 칼 해리스가 재정상의 세부사항을 모두 처리하고 있었다. 해리는 속으로 이렇게 말했다.

'이 친구는 손을 안 대는 곳이 없군.'

다음 안건은 노조의 계약 문제였는데 주기적으로 등장하는 골칫거리였다. 이번에 문제가 된 조항은 기본급 삭감 제의에 호의적인 반응을 보이지 않는 노조원들의 회사 출근 봉쇄 여부였다. 라모코는 기본급을 줄이지 않고 인센티브를 늘리면서 높은 생산성과 품질 수준을 유지하는 데 성공을 거두어왔다.

이제 경영진에서는 노조가 고통을 감수할 때가 되었다고 판단했다. 그래서 노조 측의 자발적 호응도가 어느 수준일지가 관심의 초점이 되었다. 이 제의 또한 관련된 각종 문제점과 사실 관계를 모두 알고 있는 칼 해리스가 이 안건을 설명할 것이다.

'허허, 회사 내의 주요 사안엔 꼭 개입하고 있구먼. 내 에탄올 안건의 경비 산출도 이 친구의 정밀 검토를 받아야 했으니.'

해리가 제안 설명을 하기 위해 연단에 나섰을 때는 거의 11시였다. 해리는 자신감을 갖고 이번 제의를 준비하면서 밟아온 과정을 하나하나 설명해나갔다. 규모는 작지만 에너지 연구에서는 첨단의 위치를 차지한다는 정평이 있는 브래디 사의 경영진과 1년 이상 교섭을 해왔다. 브래디 사는 라모코가 필요로 하는 에탄올 가공 기술을 완성시켰으며 새 연료 산업의 탄생에 열쇠를 쥐고 있는 화학 처리 과정의 기술 독점권을 라모코에 팔기로 동의했다.

핵심은 정수 장치의 압축 과정에 필요한 고능률의 새 기술인데, 이것으로 50도 에탄올과 50도 부탄올(부틸알코올) 혼합물을 주입하는 작업이 가능해져 공정의 마지막 단계에 자동차 연료로써는 이상적인 순도인 99도의 에탄올을 확보할 수 있다. 브래디 사의 능력 있는 기술자와 과학자, 공학도들이 초기의 디자인 단계와 가동 단계에서 라모코의 공학도들과 어울려 일하게 되면 라모코의 운영 체제에 새로운 활력을 불어넣어줄 거라고 해리는 예측했다.

"승리는 확실하며, 두 회사의 결합은 당연한 일입니다."

지금 자기 앞에 앉아 있는 경영진들에게 사업 제의 배경을 요약하면서 해리가 결론적으로 한 말이다. 일부 생산 공정상의 세부 사항에 관한 설명을 진행하는 도중에 나온 몇 가지 질문을 제외하곤 거침없이 이야기를 이어갔다. 회의장 안을 한 바퀴 둘러보니 이사진들도 좋은 인상과 관심을 보이는 듯해서 자신감이 증폭되었다. 이제 해리의 제안 내용 중 가장 결정적인 부분을 언급할 차례가 되었다.

회사 취득에 따른 경비가 얼마나 드는가? 생산 팀들의 통합을 어떻게 이뤄낼 것인가? 주유소 영업을 휘발유에서 에탄올로 바꾸는 과정은 어떠할 것인가? 새 생산 설비의 손익 분기점과 라모코 예상 매출액이 5년, 10년, 15년 뒤에는 어떻게 변화할 것인가? 새 생산 설비의 손익 분배와 라모코의 투자액에 대한 이익을 내려면 시간이 얼마나 걸려야 할 것인가?

이런 종류의 문제였다. 해리는 안건을 준비하면서 이런 질문을 예상하고 자세한 정보를 많이 제공하려고 세심한 주의를 기울였다. 자신의 경비 산출과 예상치에 자신이 있었다. 칼 해리스의 직원들에게서 세부 예산 내역, 비용 견적, 경제적 평가 등의 자료를 제공받았기 때문이다. 그런데 에탄올 사업 계획의 장래 수입 예상치에 관해 설명하는 도중 칼이 해리의 말을 가로막았다.

"방금 제시한 수치는 부정확합니다."

갑자기 좌중이 조용해졌다. 해리는 칼의 말에 쌀쌀맞게 반응했다.

"부정확하다고요?"

"제시한 그 수치는 옛날 자료입니다."

그러자 해리가 칼을 노려보며 물었다.

"이 자료는 지금 말씀하고 계신 칼 이사님의 직원들에게 받은 수치인데, 어떻게 이것이 옛날 수치가 됩니까?"

"그건 몇 달 전에 우리가 뽑아준 초창기 예상치였습니다. 지난 수주 사이에 최근의 시장 동향에 근거한 새로운 예상치를 받으러 오지 않으셨더군요. 최근에 배럴당 원유가가 폭락한 사실을 알고 계실 것입니다."

두 사람이 서로 노려보는 사이 해리의 머릿속에는 언젠가 칼이 해리 자신의 생각을 '덜 떨어진' 것이라며 마치 해리가 짖어도 겁낼 필요 없는 강아지나 되는 양 조소하며 어깨를 두드리던 기억이 났다. 칼은 한 번도 해리를 대등한 상대로 봐준 일이 없었다.

해리는 당혹감에 빠져들었다. 자기가 던진 공을 칼이 가로채 골대로 뛰어가고 있다. 뭔가 한마디 해야 했다. 칼의 이의제기를 극복하지 못하면 큰 타격을 입게 될지도 몰랐다. 다시 말해 에탄올 사업 구상은 좋은 결정이 못되며 해리란 인물은 미국 전역의 사업 운영을 맡길 만한 유능한 인물이 못 된다는 결론이 내려질 것이다. 해리는 자신이 처한 딜레마를 금세 느꼈다. 최악의 경우 그의 제안은 부결될 것이다. 승진의 꿈은 안녕이었다. 칼은 일어나서 잠시 자기 말을 들어보라고 한 뒤 말을 시작했다.

"지금의 제안 내용에 빠진 몇 가지 사실을 말씀드리겠습니다. 첫

째, 오펙 배럴당 가격의 하락을 방지하지 못하는 가운데 향후 몇 년 동안은 세계적인 석유 과잉이 계속될 거라는 최근의 연구 결과가 있습니다. 둘째, 국민들이 휘발유의 대체 상품을 굳이 찾으려 하지 않을 가능성도 높습니다. 다시 말씀드리자면 국민들의 환경의식이 높지 않다는 것이지요. 겉으로는 그런 척 주장하지만 그 주장대로 행동하지 않고 있습니다. 셋째, 향후 5년 동안 에탄올은 휘발유에 비해 소비자 부담이 훨씬 높을 것입니다. 상대적으로 에탄올의 연료 효율이 뒤떨어진다는 의미로 볼 수 있습니다. 주유소를 찾는 사람들이 가격은 비싼데 효율은 떨어지는 제품을 살 리 없습니다. 주유소에서 에탄올이 무연 휘발유의 대체재로 팔려나갈 거라는 제안은 몽상이 될 수 있습니다. 아무리 열심히 판촉을 해도 앞서 말씀 드린 이유로 사람들이 찾지 않을 테니까 말이죠."

칼은 모여 앉은 이사들의 표정을 둘러본 뒤 결론을 지었다.

"에탄올 계획은 라모코에게 끔찍한 전략적 실수가 될 것입니다. 모든 생각은 평등하지 않지만, 특히 이 아이디어는 다른 어떤 생각보다도 멍청합니다. 자기 자동차에 옥수수기름을 넣고 다니려는 사람은 없습니다!"

그 말과 함께 칼은 자리에 앉았다. 참석자들은 불편한 심사였다. 닐 커티스, 코니 마루카, 조엘 실버맨 등 어느 누구도 해리를 똑바로 쳐다볼 생각을 못하고 곁눈질로 그의 표정을 읽으려고만 했다. 그리고 한편으로는 결과를 궁금해 했다.

칼의 입이 승리의 미소로 번지는 걸 본 사람은 해리뿐이었다. 해리는 자기의 앞날과 꿈이 시궁창으로 빠져드는 느낌이었다. 로런스 회장이 숨 돌릴 기회를 주었다.

"오전 시간이 다 지났군요. 우리 모두 분위기를 바꿔볼 필요가 있겠어요. 점심식사를 하고 난 뒤 해리의 제안을 계속 논의해봅시다. 오후 1시에 회의를 재개합니다."

"이사회에 참석한 소감이 어떠세요?"

앤 레이니가 따로 마련해준 사무실을 향해 복도를 따라 걷고 있는데 셀레나가 부드러운 목소리로 물었다. 해리가 어금니를 앙다물며 낮은 소리로 말했다.

"그 녀석 때문에 완전히 망쳤어요, 이게 제 소감입니다. 제가 몇 달을 두고 이 사업을 구상하는 동안 반대 입장을 비치지 않았던 친구가 이렇게 내 뒤통수를 치다니. 난 녀석이 동료일 거라고 믿었는데, 알고 보니 자만심과 악의로만 가득 찬 음흉한 배신자였습니다."

"이사회에서 무슨 일이 있었는데요?"

"몰라서 묻습니까? 난 라모코의 위치와 권위 그리고 이익을 높여 줄 사업 구상을 내놓았습니다. 그렇게 한 걸 스스로 자랑스럽게 여겼어요. 그런데 칼이 제 앞을 막아섰습니다."

"그러면 오늘 이사회에서 일어난 일에 당신은 전혀 책임이 없다는 건가요?"

해리가 억울하다는 듯 목소리를 높였다.

"내가 무슨 책임이 있겠습니까? 내가 왜요?"

셀레나의 목소리가 추궁하듯 들려왔다.

"칼이 왜 그런 식으로 나왔다고 생각해요? 왜 당신한테 충실하지 못했을까요? 왜 당신을 배신해서 다른 이사들이 보고 있는 자리에서 당신을 무너뜨리려고 했을까요?"

"자기 잇속을 챙기려고 한 거죠!"

"칼은 앞으로도 오랫동안 라모코 일에 관여할 사람이에요. 그러니 당신이 좋든 싫든 두 사람은 앞으로도 같은 회사에서 함께 어쩌면 어깨를 나란히 하고 일을 해나가야 해요."

"뜬금없이 무슨 말씀입니까?"

"칼 해리스가 마음으로 하는 경영의 마지막 시험이라는 뜻입니다."

"잠깐만요, 그런 법이 어디 있습니까!"

해리가 소리를 질렀지만 셀레나는 단호하게 말했다.

"법이 있고 없고 간에, 그것이 최종 시험이에요."

"오, 세상에, 믿을 수가 없어요. 그렇게 잔인했더랍니까? 아무 언질도 주지 않고, 그것도 내 인생을 건 큰 시험을 방금 회의에서 치르고 나온 사람한테 이중으로 시험을 보라고요? 마음 좀 착하게 쓰세요!"

"이제는 당신이 마음을 잘 써야 할 차례예요, 해리. 당신한테 기대가 커요. 당신의 마음을 이사회에서 보여줄 때가 됐어요. 잊지 마세요, 지난 6개월 동안 마음으로 하는 경영을 실천하면서 다섯 가지 원칙 하나하나를 지켜온 당신이에요. 할 수 있어요."

"상대가 칼인데, 내가 해낼 수 있으리라 생각하십니까? 차라리 기적을 바라세요."

"불가능한 일이 아니에요. 아드님한테 뒷마당에서 했던 농구 시합 이야기를 들려주던 것과 근본적으로 다를 건 없어요. 약간의 집중력과 노력만 있으면 되는 일이에요. 당신은 이 마지막 싸움에서 이길 수 있어요. 나는 알아요. 칼을 마음으로 경영할 수 있다는 것을. 자, 당신 스스로에게 숨겨진 장점을 인정하세요."

"회의장으로 다시 들어갈 때 저를 지원해주실 겁니까?"

"제자가 최고 점수를 따지 못한다면 스승이 무슨 소용이 있겠어요? 물론 저는 당신의 성공을 한 걸음 한 걸음 확인하면서 당신을 지원할 거예요."

"이건 정말 고난도의 시험 같습니다."

"그렇게 불러도 좋겠죠."

“만약 칼에게 다섯 가지 원칙을 적용할 수 있다면, 세상 누구한테라도 쓸 수 있을 겁니다.”

“네, 그래서 마지막 시험이에요. 지금까지 겪은 일 중에서 가장 큰 도전이죠. 실력 발휘를 해봐요. 해낼 수 있어요. 그리고 잊지 마세요. 이번에 성공하면 그건 당신의 심장이 완전해지고 재량권 시계도 사라진다는 것을.”

“아, 모든 게 뒤죽박죽인 것처럼 느껴집니다. 내가 분명 미치고 있어요. 회의석상에서 앞날을 걸고 싸워야 하는 마당에 날 구렁텅이로 밀어 넣으려는 칼 녀석한테 내 마음의 문을 열려고 하고 있으니.”

셀레나가 간곡한 말투로 말했다.

“칼의 말을 듣고 이해를 해주세요. 따뜻한 마음으로 그에게 진실을 알려주세요. 그와 의견이 다를지라도 그의 인격을 나무라진 마세요. 그의 애정이 담긴 의도를 찾아보세요. 그리하여 그와 관계를 맺는 게 당신의 목표가 되는 거예요.”

그때 해리에게 어떤 변화가 일어나기 시작했다. 전에는 어색하기만 하던 생각들이 또렷해지면서 마음속에 편안히 자리 잡았다. 자신의 가슴속에 환한 불빛이 이는 것을 해리는 느낄 수 있었다. 해리가 탄성을 올렸다.

“그래요. 바로 그거야! 확실히 그래!”

셀레나가 지난 몇 개월을 두고 가르쳐준 내용을 궁극적으로 이해했을 때의 깨우침이 일어난 바로 이 순간의 느낌을, 그는 훗날 설명하는 데 애를 먹게 될 것이다.

다섯 가지 원칙은 인생에 덧씌운 옷이 아니라 인생의 토대 자체다. 생각과 느낌, 인식 등이 그의 내면에서 계속 뒤섞였다. 방향을 잃지 않으려는 몸부림으로 해리는 스스로에게 계속해서 말을 걸었다.

'그래. 에탄올 사업은 중요해. 싸워서 따내야지. 내가 믿는 일이니까. 그러나 더 중요한 건 완전한 인격이야. 에탄올 사업이 뜨건 가라앉건 내 자신에게 진실하고 싶어. 그래서 칼과의 관계를 마음으로부터 쌓아나가야지. 마음으로 관계할 때에만 나는 완전히 인간일 수 있으니까.'

해리의 내면에 큰 변화가 일어났다는 걸 알아챈 셀레나가 물었다.

"칼과는 어떤 관계를 갖고 싶어요? 당신이 상상할 수 있는 최선의 관계를 생각해서 그걸 좇아가세요."

상상 속에서 그와 칼은 행복한 표정으로 나란히 서 걷고 있었다. 해리가 셀레나에게 물었다.

"지금까지 가르치려고 하신 게 바로 이겁니까?"

"마음으로 하는 경영은 남한테 시키고 싶은 일을 하도록 만드는 기교가 아니에요. 그건 삶의 자세예요. 진실로 살아갈 수 있는 유일한 길이죠."

"드디어 알아낸 것 같습니다. 최종 시험을 치를 각오가 됐어요."

점심시간이 끝나고 로런스 회장이 회의 재개를 선언하자 회의장에는 일종의 긴장감이 나돌았다. 참석자들은 해리가 과연 어떻게 난국을 돌파할지 은근히 기대하고 있었다. 그들은 그가 논박을 당했다고 기가 죽을 사람이 아님을 잘 알고 있었다.

사람들은 회의가 재개되면 해리가 갑옷을 두르고 거대한 창을 칼 해리스에게 겨누며 나타나리라 생각했다. 자리에서 일어난 해리는 우선 듣기 확인 작업부터 시작했다.

"칼 이사님, 오전에 말씀하신 이야기의 요점을 제대로 파악했는지 확인해주십시오. 에탄올 사업 계획에 반대하는 이유는 에탄올의 환경적인 가치에도 불구하고 높은 가격과 연료로써의 미흡한 품질 때문에 사람들이 구입하지 않을 거란 사실에 근거를 둔 것이죠?"

"꽤 잘 요약하셨습니다."

해리의 이야기가 어디서 시작해서 어디로 나아갈 건지 모르는 칼은 조심스럽게 대답했다. 해리가 말했다.

"오전 회의에서 몇 마디 쏘아붙인 것에 대해 사과드립니다. 점심식사를 하면서 칼 이사님의 말을 곰곰이 되새겨 보니, 궁극적으로는 이사님이 회사의 이익을 제일로 생각한다는 걸 알게 됐습니다. 회사가 심각한 손해를 입게 되는 것을 막고 회사의 이익을 보호하기 위한 의도라고 생각합니다."

좌중의 모든 눈이 지금껏 보지도 듣지도 못했던 해리의 새로운 모습에 쏠렸다. 해리는 말을 계속했다.

"우리 회사의 재정 책임자로서 칼 이사님의 오전 발언의 의도는 회사가 큰 재정적 실수를 범하는 만약의 사태를 막아보자는 데 있을 것입니다. 문제를 그런 각도에서 보니까 에탄올 계획에 대해 말씀하신 부분에 충분히 이해가 됩니다. 전 직원의 안정을 염려하고 앞뒤를 돌아본 것입니다. 우리 중에 누구라도 큰 과오를 저지르게 되면 우리 모두의 손실이 되니까요."

아직도 해리의 접근방식을 미심쩍어하면서 칼이 말했다.

"바로 그 점입니다. 이해해주시니 감사드립니다."

칼은 해리가 무슨 비장의 무기를 숨기고 있다고 확신했다. 그런데도 해리가 자기의 입장을 정확하고도 분명하게 그리고 이해심을 갖고 언급하는 것을 듣고 있었다. 해리는 이제 따뜻한 마음으로 진실을 말했다.

"어쩌면 앞으로 5년 정도의 기간을 두고 내다볼 때는 말씀하신 것이 전적으로 옳습니다. 그런데 제가 관심을 두는 건 그보다 훨씬 뒤의 상황입니다. 이사님도 알고 있듯이 앞으로 20년 뒤에는 석유 공급이 수요를 못 좇아올 겁니다. 중동의 유전이 말라붙든지 아니면 그

훨씬 전에 그곳에 어떤 문제가 터질지 모를 일입니다. 더욱이 지구 온난화 문제가 더 심각해질 수도 있습니다. 우리 회사가 5년 후에 문을 닫는다면 모르지만, 그게 아니라면 이런 궁극적 사태에 대한 대비책을 마련해둘 필요가 충분히 있으며 향후 에탄올이나 그와 유사한 연료가 장차 중요한 역할을 할 것이라고 믿습니다. 태양열로 자동차를 굴리기에는 한계가 있다는 것을 다 아실 것입니다. 그래서 우리가 에탄올을 가지고 경쟁 대열에 뛰어들어 그걸 생산하고 판매하는 데 경험을 얻었으면 하고 바라는 것입니다. 석유가 부족해질 때 아무 대책이 없어서 벌거벗은 채 당하지 말고 사전에 준비를 해야 합니다."

칼은 해리의 주장에도 일리가 있다는 걸 받아들이면서도, 오전에 자기가 한 주장은 유효하다며 자세를 굽히지 않았다.

"저와 이사님, 둘 사이의 화학 반응이 이따금 폭발 직전까지 가는 적이 있었습니다. 이사님이 재정 분야에서는 위대한 천재이며 이사님이 없었다면 라모코가 현재 차지하고 있는 위치까지 못 올라올 수 있었을 것입니다. 그러한 이유 때문에 저는 더더욱 이사님이 에탄올 계획에서 저를 지지해주었으면 합니다. 이사님은 뛰어난 분이니 마음만 먹으면 저의 제안을 손쉽게 휴지조각으로 만들어 버릴 수 있습니다. 하지만 반대로 이 계획이 인류를 위해 충분한 값어치가 있다는 것을 알 수 있을 만큼 총명하다고 생각합니다. 이번 계획을 무산시키는 쪽으로만 생각하지 말고, 이 계획을 발전시키고 실현 가능하게 할 수 있도록 도와주었으면 합니다. 이사님께서 도와준다면 성공할 가능성이 더욱 높아질 것입니다."

칼이 말했다.

"우리가 이걸로 대체해보자고 제의하면, 전국 대부분의 주유소는 단호히 안 된다는 반응일 겁니다. 그리고 받아들인 주유소는 이걸 팔려다가 망해버릴 겁니다."

그때 코니 마루카가 칼을 향해 질문했다.

"이 에탄올 계획을 몇 개 주에서만, 예컨대 옥수수를 주요 작물로 재배하는 중서부 지방 같은 곳에 시범적으로 해보면 어떨까요?"

해리가 끼어들었다.

"이사님은 이 구상을 전국적으로 적용해보겠다는 시도는 지나치게 규모가 큰 도박이다, 이런 말씀인 거지요?"

"그렇죠. 그런 위험한 일에 회사 돈을 걸고 싶은 용의가 없습니다."

"그럼, 코니 마루카 이사님의 제안대로 몇 개 주에서만 해보면 어떨까요? 그 정도 도박이면 한번 해볼 만하지 않을까요?"

칼이 마지못해 대답했다.

"그건 가능합니다."

그러자 코니가 물었다.

"아이오와, 캔자스, 네브래스카 등 이렇게 세 군데가 어떻습니까?"

"검토해보죠."

해리가 흐뭇한 표정으로 칼을 바라보며 말했다.

"이사님이 에탄올 계획을 검토하고 그걸 시행할 방안을 제시해주니 고맙습니다."

칼이 건성으로 머리를 끄덕였다. 해리가 로런스 회장에게 고개를 돌려 말했다.

"좀 더 연구를 하기 위해 제 제안을 반려해주시기를 요청합니다. 칼 이사와 다른 분들의 이의가 없으시다면, 회장님께서 칼 이사와 제가 같이 이 계획이 라모코가 할 수 있는 일인지 해야 하는 일인지 검토해볼 수 있도록 해주십시오. 그러면 모두들 안심이 되실 거라 생각합니다."

그리고는 칼을 향해 말했다.

"이사님과 저는 지금까지 서로 어긋나기만 한 것 같습니다. 같은 목표를 향해 협조하면서 이사님에 대해 제대로 알고 싶습니다."

좌중이 숙연해졌다. 로런스 회장이 칼에게 물었다.

"해리의 제의를 어떻게 생각하시오?"

칼이 솔직하게 대답했다.

"놀랐습니다. 전혀 뜻밖이라."

"그래도 해리와 협조해서 해볼 생각은 있겠지요?"

칼이 해리를 바라봤다. 해리는 미소를 지으며 기다렸다. 칼이 어깨를 으쓱하며 대답했다.

"한번 해보겠습니다."

"좋습니다. 두 분 다 훌륭했어요. 자, 그럼 다음 안건으로 넘어갑시다."

정유공장 사무실로 돌아온 해리에게 셀레나가 말했다.

"해냈군요, 해리! 당신은 칼을 마음으로 경영했어요. 난 그저 구경이나 하면서 즐겼다고요."

해리가 멋쩍은 듯 웃으며 믿을 수 없다는 듯 말했다.

"회의장에서 난 지금까지 내 입에서 나와 본 일이 없는 진술들을 했는데, 모두가 자연스럽고 정당하다는 느낌이었어요. 오늘 내가 칼에게 한 말들은 전혀 나답지 않은 것이었죠. 그런데도 완전히 옳은 느낌이었습니다."

"칼로서는 달라진 당신에게 적응하는 데 약간 시간이 걸렸어요. 하지만 그도 나중엔 당신한테 따뜻하게 나왔죠."

해리가 기운에 넘쳐 사무실 안을 왔다 갔다 하며 말했다.

"칼하고 친구가 된다면 묘한 일이 아닐까요?"

"제가 보기엔 꼭 그렇게 될 것 같은데요."

해리는 걸음을 멈추고 창밖을 내다보았다.

"그 사람하고 일하면 좋을 것 같아요."

이렇게 말하고 해리는 몸을 돌려 방 한복판을 향하면서 덧붙였다.

"그 친구를 내 편으로 두는 건 분명히 내게 좋은 일이죠."

"내 예상으로는, 두 분이 친구가 된다면 함께 이기는 길이 될 거예요."

"로런스 회장님이 우리 둘 사이의 마지막 장면을 보고 뭐라고 생각하셨을지 궁금합니다."

"당연히 당신을 무척 좋게 보셨지요. 그래서 더 중요한 일을 맡기려고 당신을 찾게 되겠죠. 패배의 위기에서 승리를 낚아채고, 그러고도 적장을 자기편으로 끌어들일 수 있는 사람은 회사 내부에 많지 않으니까요."

해리는 안락의자에 앉은 뒤 말이 없어졌다. 셀레나도 조용해졌다. 잠시 후 어쩔 수 없는 이별의 말을 꺼내면서 해리가 말했다.

"이제 가셔야겠죠? 당신이 정말 보고 싶을 겁니다."

"저도 마찬가질 거예요. 축하드려요. 새 삶을 살 기회를 얻은 것에 대해."

셀레나가 미소를 띠며 덧붙였다.

"요즘 세상에는 그런 사람이 드문데 당신은 가짜가 아니에요, 해리. 순수해요."

"제가 완전히 달라진 게 보이죠? 맨 처음 봤던 제가 아닙니다."

"그건 아니에요, 해리. 당신이 사물을 인식하는 자세는 달라졌지만 당신은 어디까지나 당신이에요. 마음으로 경영을 하는 데 필요한 자질을 마음 깊숙이 지니고 있고 밖으로 꺼내지 못했을 뿐이죠."

"당신과 함께 일을 하면서 나는 마음이 무엇이며, 내가 남들과 어떻게 연결되는지를 배웠습니다. 내 마음속에서 당신이 떠난다는 것은, 이제 내가 지도를 받지 않고도 혼자서 올바로 갈 수 있기 때문인 거죠."

"일종의 졸업 같은 거예요."

그는 마치 셀레나가 자기 앞에 있는 듯 뚫어지게 바라보며 말했다.

"당신한테는 어땠어요? 내가 꽤 만만치 않은 최종 시험이었지요?"

셀레나가 웃었다. 해리의 말이 옳았던 것이다. 해리가 장난기 있는 표정으로 물었다.

"당신 같은 천사 몇 분이 이런 일을 하고 계신가요?"

"꽤나 큰 팀이죠. 우리 팀에 들어오실래요?"

해리가 망설이지 않고 대답했다.

"괜찮습니다. 하지만 난 분명히 당신의 가르침을 제 인생에서 활용해나갈 겁니다."

둘은 함께 웃었다. 해리가 마음 밑바닥에서부터 우러나오는 기쁜 표정을 지으며 말했다.

"셀레나, 난 정말 삶을 즐기기 시작했어요."

"당신의 인생을 위해서 기도하겠습니다."

"안녕히 가세요, 셀레나. 고마웠어요."

에필로그

# 행동하는 배려는 마음 경영으로 완성된다

한 달 뒤 해리가 책상에 앉아서 노란 용지 위에 무언가 열심히 적고 있을 때, 앤 레이니가 우편물과 서류뭉치를 가지고 들어왔다.

"안녕하세요, 사장님. 바깥 날씨가 무척 좋아요."

해리는 고개를 들지 않은 채 기분 좋게 대답했다.

"좋은 아침이지, 앤."

앤이 우편물을 책상 위에 갖다 놓으러 다가서다가, 노란 종이 위에 쓰인 문장에 시선이 쏠렸다.

"오늘 간부 회의에서 말씀하실 내용인가요?"

해리는 웃으면서 자기가 쓴 걸 가리켰다.

"회의용은 아니야. 사실은 나의 새로운 경영원칙을 적어본 거야."

그는 종이를 앤에게 보여줬다.

**마음으로 하는 경영**

· 제1원칙: 저의 의견을 받아들이지 않더라도 인격을 나무라진 마십시오.

· 제2원칙: 저의 이야기를 듣고 이해해주십시오.

· 제3원칙: 따뜻한 마음으로 저에게 진실을 말씀해주십시오.

· 제4원칙: 애정이 담긴 저의 뜻을 꼭 찾아봐주십시오.

· 제5원칙: 저에게 숨겨진 장점을 인정해주십시오.

다섯 가지 원칙을 모두 읽은 앤이 해리를 바라보았다. 그러자 해리는 무슨 비밀이라도 나누는 듯 말했다.

"한동안은 직원들이 나한테 이 다섯 가지 원칙을 바라고 있다는 생각으로 내 처신을 가다듬었지. 그리고 이제 경영자로서 가장 중요한 책무가 이 요청에 부응하는 것이라고 확신하기에 이르렀지."

앤의 눈이 동그래지면서 탄성을 질렀다.

"이런 걸 하고 계셨던 거군요! 사장님이 심장마비 이후로 얼마나 달라지셨는지 모두 한마디씩 해요. 이 다섯 가지 원칙을 어떻게 생각해내셨죠? 어디서 얻은 생각이세요?"

해리는 약간 초조감을 느꼈다.

“글쎄, 나로서는 퇴짜 영감의 정반대가 무엇일까를 좀 생각해봤지. 사실 나는 우리 회사의 다른 직원들도 이 다섯 가지 원칙을 시험해봤으면 해. 내가 그걸 배워서 활용할 수 있었다면 누구든지 다 할 수 있는 일이지 않겠어?”

앤이 걱정스러운 눈빛으로 물었다.

“직원 모두가 이 원칙을 활용할 수 있게 되면 우리 회사는 틀림없이 천국이 될 거예요. 그런데 이 원칙들이 생산에 미칠 영향은 걱정 안 되세요?”

“확실히 처음엔 걱정이 됐지. 그러나 지금은 다섯 가지 원칙이 생산성과 직원 사기에 모두 힘이 된다고 확신해. 실험 기간이 좀 짧아서 아직 확고한 결론을 내리긴 좀 이르지만 지금까지의 증거로 봐선 충분히 그렇게 될 거라고 봐.”

앤은 종이를 집어 들고 다시 읽었다.

“마음으로 하는 경영이라… 꽤 어려운 말이네요.”

“나도 늙었는지 내 인생을 바꿔놓은 그 다섯 가지 원칙을 매번 기억하려니까 오래 걸린단 말이야. 그래서 적어본 거지.”

“제가 타이핑해서 드릴 게요.”

“각 원칙의 첫 글자를 모아서 기억하기 좋게 하나의 단어로 만들고 싶은데 잘 안 되네. 각 문장의 단어를 앞뒤로 바꿔서 해보면 되리라 생각하는데….”

"아, 그거요? 제가 가장 좋아하는 놀이에요!"

"그래? 그럼 한번 해보겠나?"

"원칙의 순서를 변경하면 될 것 같은데, 괜찮을까요?"

"괜찮을 거야. 난 이 순서대로 배워왔지만, 실천은 반드시 이 순서에 따르는 건 아니니까."

"그럼 어디 볼까요."

앤이 여러 조합으로 메모지 위에 문장을 재구성해보았다. 두 사람은 영어로 된 다섯 원칙의 첫 글자를 뒤섞어가며, 적당한 단어를 연구한 끝에 다음과 같은 훌륭한 결과에 도달했다.

MANAGING FROM THE HEART

· Hear and understand me.
저의 이야기를 듣고 이해해주십시오.

· Even if you disagree, please don' t make me wrong.
저의 의견을 받아들이지 않더라도 인격을 나무라진 마십시오.

· Acknowledge the greatness within me.
저에게 숨겨진 장점을 인정해주십시오.

· Remember to look for my loving intentions.
애정이 담긴 저의 뜻을 꼭 찾아봐주십시오.

· Tell me the truth with compassion.
따뜻한 마음으로 저에게 진실을 말씀해주십시오.

해리가 종이를 치켜들었다.

"오, 멋진데요, 사장님!"

"앤, 자네 정말 대단해!"

해리는 눈을 감고 다섯 가지 원칙을 암송하기 시작했다.

"이젠 다섯 가지 원칙 모두를 기억할 수 있을 것 같아."

"이걸 크게 인쇄해서 액자에 넣어 벽에 걸어두면 어떨까요?"

해리가 고개를 끄덕인 다음, 시계를 쳐다보고 자리에서 일어섰다.

"갈 시간이 됐군. 주례 간부 회의에 시간 맞춰 가야겠어."

해리와 앤이 라모코 회의실에 도착했을 때, 짐 위스와 그 밖의 부장급 이상 간부들이 모두 도착해 있었다. 해리는 그들이 서로 미소 짓고 있는 걸 눈여겨봤다. 모두 행복해 보였다.

해리가 들어오는 것을 보고 그들은 환영의 미소를 보냈다. 해리는 모든 간부들의 열린 마음, 애정의 의도를 느꼈다. 6개월 전에 비해 얼마나 달라졌는가. 해리는 생각했다.

'그래, 마음으로 하는 경영이 옳다는 증거야. 이들의 장점을 정말 느낄 수 있어. 그리고 이들을 믿을 수 있어.'

해리는 자신의 인생이 이런 방향을 잡은 데 대해 큰 행복감에 젖었다. 그가 사람들에게 넉넉한 인사를 건넸다.

"안녕하시오, 정말 좋은 날이오!"

**프로를 꿈꾸는**

## 작은 거인들에게

김현태 지음

대한민국 프로들에게 배우는
'학교 밖 성공수업!'

여기에서 소개한 유명인과 인기 스타들은 부와 명예 그리고 대중적인 인기뿐만 아니라, '인생' 이라는 여행에서 성공요인을 하나씩 발견한 진정한 프로라고 할 수 있다.

작고 사소한 승리는 남과의 경쟁에서 이긴 사람들의 것이지만 크고 위대한 승리는 대부분 자신과의 경쟁에서 이긴 사람들의 차지이다. 누군가를 향해 있던 칼끝의 방향을 자신에게 향하도록 하여, 자신과의 경쟁에서 프로처럼 승리하라!

---

**학교 시험에 나오지 않는**

## 인생을 배워라

김태광 지음

대한민국 10대들이 스스로를 아끼고 성장하게 하는
'학교 밖 인생수업!'

성공한 사람들은 다르다. 무엇일 다를까? 바로 성공하기 전의 자신의 모습과 다르다는 것이다. 사고, 일하는 방식, 인간관계의 변화, 대화습관의 변화, 문제해결 방식까지 그들은 확실히 예전의 자신의 모습과 다르다.

변화란? 달라진다는 것이다. 사람이 변화하는 것은 마음만으로는 안된다. 변화는 공부가 아니라 실천이기 때문이다. 성공한 인생을 원한다면 지금 이 순간, 가슴 뛰는 삶을 살아라!